TER OU SER?

UMA INTRODUÇÃO AO PENSAMENTO HUMANISTA

TER OU SER? UMA INTRODUÇÃO AO PENSAMENTO HUMANISTA

ERICH FROMM

Tradução
Diego Franco Gonçales

PAIDÓS

Copyright © Erich Fromm, 1976
Publicado originalmente por Harper & Row
Copyright © Editora Planeta do Brasil, 2024
Copyright da tradução © Diego Franco Gonçales, 2024
Título original: *To have or to be?*
Todos os direitos reservados.

Preparação: Cassia da Rosa
Revisão: Ana Maria Fiorini e Ana Laura Valerio
Projeto gráfico e diagramação: Futura
Capa: Fabio Oliveira
Imagem de capa: Rijksmuseum

Salvo exceções, apontadas entre parênteses, as citações bíblicas foram retiradas da Bíblia Sagrada, Nova Versão Internacional, NVI © 1993, 2000, 2011, 2023 por Biblica, Inc.

DADOS INTERNACIONAIS DE CATALOGAÇÃO NA PUBLICAÇÃO (CIP)
ANGÉLICA ILACQUA CRB-8/7057

Fromm, Erich
  Ter ou ser? : uma introdução ao pensamento humanista / Erich Fromm ; tradução de Diego Franco Gonçales. – São Paulo : Planeta do Brasil, 2024.
  256 p.

Bibliografia
ISBN 978-85-422-2685-0
Título original: To have or to be?

1. Psicanálise 2. Humanismo I. Título II. Gonçales, Diego Franco

24-1443   CDD 150.195

Índice para catálogo sistemático:
1. Psicanálise

MISTO
Papel | Apoiando o manejo florestal responsável
FSC® C019498

Ao escolher este livro, você está apoiando o manejo responsável das florestas do mundo

2024
Todos os direitos desta edição reservados à
Editora Planeta do Brasil Ltda.
Rua Bela Cintra, 986 – 4º andar – Consolação
01415-002 – São Paulo-SP
www.planetadelivros.com.br
faleconosco@editoraplaneta.com.br

A maneira de fazer é ser.
Comumente atribuído a Lao Zi
(conhecido também como Lao Tsé ou Lao-Tzu)

As pessoas não deveriam levar tanto em consideração o que devem fazer, mas sim o que são.
Mestre Eckhart

Quanto menos você é e menos expressa sua vida – mais você *tem* e maior é sua vida alienada.
Karl Marx

Prefácio 11

Introdução: A Grande Promessa, seu fracasso e novas alternativas 15
O fim de uma ilusão 15
Por que a Grande Promessa falhou? 17
A necessidade econômica por mudança humana 23
Há alternativa para a catástrofe? 25

Parte 1: Compreendendo a diferença entre ter e ser 29

1. Um primeiro olhar 31
A importância da diferença entre ter e ser 31
Exemplos em várias expressões poéticas 32
Mudanças idiomáticas 37
Origem dos termos 40

Conceitos filosóficos de ser   43
Ter e consumir   44

2. Ter e ser na experiência cotidiana   47
Aprender   48
Lembrar   50
Conversar   53
Ler   54
Exercer autoridade   56
Ter conhecimento e conhecer   60
Fé   62
Amar   65

3. Ter e ser no Antigo e no Novo Testamento e nos Escritos do Mestre Eckhart   69
O Antigo Testamento   69
O Novo Testamento   75
Mestre Eckhart (1260-c. 1327)   81

Parte 2: Analisando as diferenças fundamentais entre os dois modos de existência   89

4. O que é o modo do ter?   91
A sociedade aquisitiva – base para o modo do ter   91
A natureza do ter   99
Outros fatores que apoiam o modo do ter   104
O modo do ter e o caráter anal   106
Ascetismo e igualdade   107
Ter existencial   109

5. O que é o modo do ser? 111
Ser ativo   112
Atividade e passividade   114
O ser enquanto realidade   122
A vontade de se doar, compartilhar e se sacrificar   126

6. Outros aspectos do ter e do ser   135
Segurança – Insegurança   135
Solidariedade – Antagonismo   138
Alegria – Prazer   144
Pecado – Perdão   148
Medo de morrer – Afirmação da vida   155
Aqui, agora – Passado, futuro   156

Parte 3: O novo homem e a nova sociedade   161

7. Religião, caráter e sociedade   163
Os fundamentos do caráter social   163
Caráter social e necessidades "religiosas"   165
O mundo ocidental é cristão?   170
O protesto humanista   186

8. Condições para a mudança humana e as características do novo Homem   203
O novo Homem   206

9. Características da nova sociedade   209
Uma nova ciência do Homem   209
Nova sociedade: existe chance razoável?   236

Referências   245

Prefácio

Este livro segue duas tendências dos meus escritos anteriores. Primeiro, expande o desenvolvimento do meu trabalho em psicanálise humanística radical, concentrando-se na análise do egoísmo e do altruísmo como duas orientações básicas de caráter. Assim, o último terço do livro, a Parte Três, continua um tema que tratei em *The sane society* [A sociedade sã] e em *A revolução da esperança: a crise da sociedade contemporânea e as possibilidades para a sua solução*. Repetições de pensamentos anteriormente expressos foram inevitáveis, mas espero que o novo ponto de vista a partir do qual este pequeno trabalho foi escrito e seus conceitos alargados compensem até mesmo os leitores que estão familiarizados com o que já escrevi.

Na verdade, o título deste livro e os de dois títulos anteriores são quase idênticos: *Being and Having* [Ser e ter], de Gabriel Marcel, e *Haben und Sein* [Ter e ser], de Balthasar Staehelin. Todos os três livros foram escritos no espírito do humanismo, mas abordam o assunto de maneiras muito diferentes: Marcel escreve de um ponto de vista teológico e filosófico; o livro de Staehelin é uma discussão construtiva sobre o materialismo na ciência moderna e uma contribuição para a *Wirklichkeitsanalyse*;[1] este volume traz uma análise empírica, tanto psicológica quanto social, dos dois modos de existência. Recomendo os livros de Marcel e Staehelin aos leitores suficientemente interessados no tema. (Até recentemente eu não sabia da existência da publicação de uma tradução inglesa do livro de Marcel, lendo-o em vez disso numa excelente tradução inglesa preparada para meu uso particular por Beverley Hughes. A versão publicada é a citada nas Referências.)

No intuito de tornar este livro mais legível, suas notas de rodapé foram reduzidas ao mínimo, tanto em número quanto em extensão. Embora algumas referências de livros apareçam entre parênteses no texto, indicações exatas podem ser encontradas nas Referências.

Outra questão de estilo que quero esclarecer diz respeito ao uso genérico de "homem" e "ele". Acredito ter evitado toda linguagem "orientada para homens" e agradeço a Marion Odomirok por me convencer de que o uso da linguagem neste aspecto é muito mais importante do que eu pensava. Apenas num ponto não conseguimos concordar na nossa abordagem ao sexismo na linguagem, nomeadamente no que diz respeito à palavra "homem" como termo de referência para a espécie *Homo sapiens*. O uso de "homem" nesse contexto, sem diferenciação de sexo, tem uma longa tradição no pensamento humanista, e não acredito que possamos prescindir de uma palavra que denote claramente o caráter da espécie humana. Tal dificuldade não existe na língua alemã: usa-se a palavra *Mensch* para se referir ao ser não diferenciado por sexo. Mas mesmo

---

1 Na psicanálise freudiana, faz-se distinção entre *Realität*, a realidade material do mundo externo ao indivíduo, e *Wirklichkeit*, a realidade psíquica. *Wirklichkeitsanalyse*, portanto, é a análise (*Analyse*) desta realidade.

em inglês a palavra "*man*" é usada da mesma forma indiferenciada em termos de sexo que a palavra alemã *Mensch*, significando ser humano ou raça humana. Penso que é aconselhável restaurar o significado não sexual da palavra "homem", em vez de substituí-la por palavras que soem esquisitas. Neste livro, usei "Homem", em maiúscula, para marcar meu uso não diferenciado por sexo do termo.

Resta agora apenas a agradável tarefa de expressar meus agradecimentos às diversas pessoas que contribuíram para o conteúdo e estilo deste livro. Em primeiro lugar, quero agradecer a Rainer Funk, que me ajudou muito em mais de um aspecto: em longas discussões, ele me ajudou a compreender pontos sutis da teologia cristã; foi incansável em indicar literatura no campo da teologia; ele leu o original diversas vezes e suas excelentes sugestões construtivas, bem como sua crítica, ajudaram muito a enriquecer o texto e a eliminar alguns erros. Sou muito grato a Marion Odomirok por melhorar enormemente este livro com sua edição sensível. Meus agradecimentos também para Joan Hughes, que digitou e redigitou conscienciosa e pacientemente as numerosas versões do manuscrito e fez muitas sugestões excelentes quanto ao estilo e à linguagem. Por fim, agradeço a Annis Fromm, que leu o manuscrito em suas diversas versões e sempre respondeu com muitos *insights* e sugestões valiosas.

E.F.
Nova York, junho de 1976

Introdução: A Grande Promessa, seu fracasso e novas alternativas

O fim de uma ilusão

Desde o início da era industrial, a Grande Promessa de Progresso Ilimitado – a promessa do domínio da natureza, da abundância material, da maior felicidade para o maior número de pessoas e de desimpedida liberdade pessoal – tem sustentado as esperanças e a fé das gerações. Na verdade, o início da nossa civilização foi a raça humana começar a assumir o controle ativo da natureza; mas esse controle permaneceu limitado até o advento da era industrial. Com o progresso industrial, desde a substituição da energia animal e humana pela energia mecânica (e depois nuclear) até a substituição da mente humana pelo computador, podíamos sentir que estávamos a caminho de uma produção ilimitada e, portanto, de um consumo ilimitado; os avanços técnicos nos tornaram onipotentes, os avanços científicos nos tornaram oniscientes. Estávamos a caminho de nos tornarmos deuses, seres supremos que poderiam criar um segundo mundo, usando o mundo natural apenas como blocos de construção para a nossa nova criação.

Homens e, cada vez mais, mulheres experimentavam uma nova sensação de liberdade; tornaram-se donos e donas de suas próprias vidas: as correntes feudais foram quebradas e cada qual podia fazer o que quisesse, livre de todos os grilhões. Ao menos foi assim que as pessoas se sentiram. E embora isso fosse verdade apenas para as classes alta e média, as conquistas destas poderiam levar outros à crença de que, afinal, a nova liberdade poderia ser levada a todas as pessoas da sociedade, desde que a industrialização mantivesse o seu ritmo. O socialismo e o comunismo rapidamente deixaram de ser um movimento cujo objetivo era uma *nova* sociedade e um *novo* Homem, passando a um movimento cujo ideal era uma vida burguesa para todos, *os burgueses universalizados* como homens e mulheres do futuro. A conquista de riqueza e conforto para todos deveria resultar em felicidade irrestrita para todos. A trindade de produção ilimitada, liberdade absoluta e felicidade irrestrita formava o núcleo de uma nova religião, o Progresso, e uma nova Cidade Terrena do Progresso deveria substituir a Cidade de Deus. Não é de todo surpreendente que essa nova religião tenha proporcionado aos seus fiéis energia, vitalidade e esperança.

O esplendor da Grande Promessa, as maravilhosas realizações materiais e intelectuais da era industrial, deve ser visualizado para compreender o trauma que a constatação do seu fracasso está produzindo hoje. Pois a era industrial falhou, de fato, no cumprimento da sua Grande Promessa, e um número cada vez maior de pessoas está se conscientizando de que:

- a satisfação irrestrita de todos os desejos não conduz ao *bem-estar*, nem é o caminho para a felicidade ou mesmo para o prazer máximo;

- o sonho de sermos donos independentes de nossas vidas terminou quando começamos a despertar para o fato de que todos nós nos tornamos engrenagens da máquina burocrática, com nossos pensamentos, sentimentos e gostos manipulados pelo governo, pela indústria e pelos meios de comunicação de massa que eles controlam;
- o progresso econômico permaneceu restrito às nações ricas, com o fosso entre as nações ricas e pobres aumentando cada vez mais;
- o próprio progresso técnico criou perigos ecológicos e os perigos da guerra nuclear, um ou ambos os quais podem pôr fim a toda a civilização e possivelmente a toda a vida.

Quando veio a Oslo para receber o Prêmio Nobel da Paz (1952), Albert Schweitzer desafiou o mundo "a ousar enfrentar a situação. [...] O homem se tornou um super-homem. [...] Mas o super-homem com o poder super-humano não atingiu o nível da razão super-humana. À medida que seu poder cresce, ele se torna cada vez mais um homem pobre. [...] Deveria abalar nossa consciência o fato de nos tornarmos tanto mais desumanos quanto mais nos tornamos super-homens".

Por que a Grande Promessa falhou?

O fracasso da Grande Promessa, independentemente das contradições econômicas essenciais do industrialismo, imiscuiu-se ao sistema industrial pelas suas duas principais premissas psicológicas: (1) que o objetivo da vida é a felicidade, isto é, o prazer máximo, definido como a satisfação de qualquer desejo ou necessidade subjetiva que uma pessoa possa sentir (*hedonismo radical*); (2) que o egocentrismo, o egoísmo e a ganância, dado que o sistema precisa gerá-los para seu próprio funcionamento, levam à harmonia e à paz.

É bem sabido que as pessoas ricas ao longo da história praticaram o hedonismo radical. Aquelas com recursos ilimitados, como a elite de Roma, das cidades italianas do Renascimento, e da Inglaterra e da França nos séculos 18 e 19, tentaram encontrar um sentido para a vida no prazer ilimitado. Mas embora o prazer máximo, no sentido do hedonismo radical, tenha sido a prática de certos grupos em certas épocas, com apenas uma única exceção antes do século 17, nunca foi uma *teoria* do bem-estar expressa pelos grandes Mestres da Vida na China, na Índia, no Oriente Próximo e na Europa.

A única exceção é o filósofo grego Aristipo, aluno de Sócrates (primeira metade do século 4 a.C.), que ensinou que vivenciar um máximo de prazer corporal é o objetivo da vida e que a felicidade é a soma total dos prazeres desfrutados. O pouco que sabemos da sua filosofia devemos a Diógenes Laércio, mas é suficiente para revelar Aristipo como o único verdadeiro hedonista, para quem a existência de um desejo é a base do direito de satisfazê-lo e, desse modo, realizar o objetivo da vida: o Prazer.

Epicuro dificilmente pode ser considerado representativo do tipo de hedonismo de Aristipo. Enquanto para Epicuro o prazer "puro" é o objetivo mais elevado, para Aristipo esse prazer significava "ausência de dor" (*aponia*) e quietude da alma (*ataraxia*). Segundo Epicuro, o prazer como satisfação de um desejo não pode ser o objetivo da vida, pois tal prazer é necessariamente seguido de desprazer, afastando, assim, a humanidade do seu real objetivo, a ausência de dor. (Em muitos aspectos, a teoria de Epicuro se assemelha à de Freud.) No entanto, parece que Epicuro representava um certo tipo de subjetivismo contrário à posição de Aristóteles, na medida em que os relatos contraditórios sobre as afirmações de Epicuro permitam uma interpretação definitiva.

Nenhum dos outros grandes Mestres ensinou que *a existência factual de um desejo constituía uma norma ética*. Eles estavam interessados no bem-estar ideal da humanidade (*vivere bene*). O elemento essencial no pensamento deles é a distinção entre aquelas necessidades (desejos) que são sentidas apenas subjetivamente e cuja satisfação leva ao prazer momentâneo, e aquelas necessidades que estão enraizadas na natureza humana e cuja realização conduz ao crescimento humano e produz *eudaimonia*, isto é, "bem-estar". Em outras palavras, eles estavam interessados na distinção entre *necessidades percebidas de modo puramente subjetivo* e *necessidades objetivamente válidas* – parte das primeiras sendo prejudiciais ao crescimento humano e as últimas estando de acordo com as exigências da natureza humana.

A teoria de que o objetivo da vida é a realização de todos os desejos humanos foi claramente expressa, pela primeira vez desde Aristipo, por filósofos nos séculos 17 e 18. Foi um conceito que surgiu facilmente quando "lucro" deixou de significar "lucro para a alma" (como é o caso da Bíblia e, ainda mais tarde, de Spinoza), passando a significar lucro material, monetário, no período em que a classe média abandonou não só os seus grilhões políticos, mas também todos os laços de amor e solidariedade e acreditou que ser apenas para si significava ser mais, e não menos, de si mesmo. Para Hobbes, a felicidade é o progresso contínuo de uma ganância (*cupiditas*) para outra; La Mettrie até recomenda as drogas por darem pelo menos uma ilusão de felicidade; para Sade, a satisfação de impulsos cruéis é legítima, precisamente porque eles existem e anseiam por satisfação. Estes foram pensadores que viveram na época da vitória final da classe burguesa. O que tinham sido as práticas não filosóficas dos aristocratas se tornou a prática e a teoria da burguesia.

Muitas teorias éticas foram desenvolvidas desde o século 18 – algumas, formas mais respeitáveis de hedonismo, como o utilitarismo;

outras, sistemas estritamente anti-hedonistas, como os de Kant, Marx, Thoreau e Schweitzer. No entanto, a era atual, *grosso modo* desde o fim da Primeira Guerra Mundial, regressou à prática e à teoria do hedonismo radical. O conceito de prazer ilimitado forma uma estranha contradição com o ideal de trabalho disciplinado, semelhante à contradição entre a aceitação de uma ética de trabalho obsessiva e o ideal de completa preguiça durante o resto do dia e durante as férias. O interminável cinturão das linhas de montagem e a rotina burocrática, por um lado, e a televisão, o automóvel e o sexo, por outro, tornam possível a combinação contraditória. Por si só, o trabalho obsessivo deixaria as pessoas tão loucas quanto a completa indolência. Combinados, eles podem sobreviver. Além disso, ambas as atitudes contraditórias correspondem a uma necessidade econômica: o capitalismo do século 20 se baseia no consumo máximo dos bens e serviços produzidos, bem como no trabalho em equipe rotinizado.

Considerações teóricas demonstram que o hedonismo radical não pode levar à felicidade, e também, dada a natureza humana, o porquê de não poder. Mas mesmo sem análise teórica, os dados observáveis mostram claramente que o nosso tipo de "busca pela felicidade" não produz bem-estar. Somos uma sociedade de pessoas notoriamente infelizes: solitárias, ansiosas, deprimidas, destrutivas, dependentes – pessoas que ficam felizes quando matam o tempo que tanto tentam economizar.

O nosso é o maior experimento social já realizado para resolver a questão de saber se o prazer (como um afeto passivo em contraste com o afeto ativo, o bem-estar e a alegria) pode ser uma resposta satisfatória ao problema da existência humana. Pela primeira vez na história, a satisfação do impulso do prazer não é apenas privilégio de uma minoria, mas é possível para mais de metade da população. O experimento já respondeu negativamente à questão.

A segunda premissa psicológica da era industrial, de que a busca do egoísmo individual leva à harmonia e à paz, ao crescimento do bem-estar de todos, é igualmente errada em termos teóricos, e mais uma vez a sua falácia é comprovada pelos dados observáveis. Por que deveria este princípio, que apenas um dos grandes economistas clássicos, David Ricardo, rejeitou, ser verdadeiro? Ser egoísta não se refere apenas ao meu comportamento, mas ao meu caráter. Significa: que quero tudo para mim; que possuir, e não compartilhar, me dá prazer; que devo me tornar ganancioso porque, se o meu objetivo é ter, tanto mais *sou* quanto mais *tenho*; que devo me sentir antagônico em relação a todas as outras pessoas: clientes a quem quero enganar; concorrentes a quem quero destruir; empregados a quem quero explorar. Nunca poderei estar satisfeito, porque não há fim para os meus desejos; devo ter inveja de quem tem mais e medo de quem tem menos. Mas tenho de reprimir todos esses sentimentos para me apresentar (tanto para as outras pessoas como para mim mesmo) como o ser humano sorridente, racional, sincero e gentil que todos e todas fingem ser.

A paixão por ter vai acarretar uma guerra de classes sem fim. A pretensão dos comunistas de que o seu sistema acabará com a luta de classes através da abolição das classes é ficção, pois o seu sistema se baseia no princípio do consumo ilimitado como objetivo de vida. Enquanto todas e todos quiserem ter mais, tem de haver formações de classes, tem de haver guerra de classes e, em termos globais, tem de haver guerra internacional. *A ganância e a paz rechaçam-se uma à outra.*

O hedonismo radical e o egoísmo ilimitado não poderiam ter surgido como princípios orientadores do comportamento econômico se não tivesse ocorrido uma mudança drástica no século 18. Na sociedade medieval, como em muitas outras sociedades altamente desenvolvidas, bem como nas sociedades primitivas, o comportamento econômico era determinado por princípios éticos. Assim, para os teólogos escolásticos, categorias econômicas como preço e propriedade privada faziam parte da teologia moral. É verdade que os teólogos encontraram formulações para adaptar o seu código moral às novas exigências econômicas (por exemplo, a caracterização de Tomás de Aquino do conceito de "preço justo"); no entanto, o comportamento econômico continuou a ser comportamento *humano* e, portanto, estava sujeito aos valores da ética humanista. Através de uma série de etapas, o capitalismo do século 18 sofreu uma mudança radical: o comportamento econômico se separou da ética e dos valores humanos. De fato, a máquina econômica deveria ser uma entidade autônoma, independente das necessidades humanas e da vontade humana. Era um sistema que funcionava sozinho e de acordo com as suas próprias leis. O sofrimento dos trabalhadores, bem como a destruição de um número cada vez maior de pequenas empresas em prol do crescimento de corporações cada vez maiores, era uma necessidade econômica que se poderia lamentar, mas que deveria ser aceita como resultado de uma lei natural.

O desenvolvimento desse sistema econômico já não era mais determinado pela questão "O que é bom para o Homem?", mas pela questão "O que é bom para o crescimento do sistema?". Tentou-se esconder a gravidade desse conflito presumindo que o que era bom para o crescimento do sistema (ou mesmo para uma única grande corporação) também era bom para o povo. Essa construção foi reforçada por uma auxiliar: que as próprias qualidades que o sistema exigia dos seres humanos – egocentrismo, egoísmo e ganância – eram inatas na natureza humana; portanto, não apenas o sistema, mas a própria natureza humana as promovia. As sociedades nas quais o egocentrismo, o egoísmo e a ganância não existiam deviam ser "primitivas", e seus habitantes, "infantis". As pessoas se recusavam a reconhecer que essas características não eram impulsos naturais que causaram a existência da sociedade industrial, mas que eles eram *produtos* de circunstâncias sociais.

Não menos importante é outro fator: a relação das pessoas com a natureza se tornou profundamente hostil. Sendo "aberrações da natureza" que pelas próprias condições da nossa existência estamos dentro da natureza e pelo dom da nossa razão a transcendemos, tentamos resolver nosso problema existencial abandonando a visão messiânica de harmonia entre a humanidade e o mundo natural, e conquistar a natureza transformando-a para os nossos próprios propósitos até que a conquista se tornasse cada vez mais equivalente à destruição. Nosso espírito de conquista e hostilidade nos cegou para o fato de que os recursos naturais têm seus limites e podem finalmente se esgotar, e que a natureza irá lutar contra a voracidade humana.

A sociedade industrial tem desprezo pela natureza – bem como por todas as coisas que não são feitas por máquinas e por todas as pessoas que não são fabricantes de máquinas (as raças não brancas, com as recentes exceções do Japão e da China). As pessoas são atraídas hoje pelo que é mecânico, pela poderosa máquina, pelo que não tem vida e, cada vez mais, pela destruição.

A necessidade econômica por mudança humana

Até agora, o argumento aqui tem sido que os traços de caráter engendrados pelo nosso sistema socioeconômico, isto é, pelo nosso modo de vida, são patogênicos e inevitavelmente produzem uma pessoa doente e, portanto, uma sociedade doente. Há, porém, um segundo argumento, de um ponto de vista completamente diferente, a favor de mudanças psicológicas profundas no Homem como alternativa à catástrofe econômica e ecológica. Esse argumento surge em dois relatórios encomendados pelo Clube de Roma, um por D. H. Meadows e colegas, e o outro por M. D. Mesarovic e E. Pestel. Os dois tratam das tendências tecnológicas, econômicas e populacionais à escala mundial. Mesarovic e Pestel concluem que apenas mudanças econômicas e tecnológicas drásticas em nível global, de acordo com um plano diretor, podem "evitar uma catástrofe imensa e, em última análise, global", e os dados que eles apresentam como prova de sua tese têm base na pesquisa mais global e sistemática feita até agora. (O livro deles tem certas vantagens metodológicas sobre o relatório de Meadows, mas esse estudo anterior considera mudanças econômicas ainda mais drásticas como uma alternativa à catástrofe.) Mesarovic e Pestel concluem, além disso, que tais mudanças econômicas só são possíveis "*se ocorrerem mudanças fundamentais nos valores e atitudes do homem* [ou, como eu diria, na orientação do caráter humano], *como uma nova ética e uma nova atitude em relação à natureza*" (grifos meus). O que eles dizem apenas confirma o que outros disseram antes e depois da publicação do relatório: que uma nova sociedade só é possível se, no processo de desenvolvimento, também se desenvolver um novo ser humano, ou, em termos mais modestos, se uma mudança fundamental ocorrer na estrutura de caráter do Homem contemporâneo.

Infelizmente, os dois relatórios são escritos no espírito de quantificação, abstração e despersonalização tão característico do nosso tempo e, além disso, negligenciam completamente fatores totalmente políticos e sociais, sem os quais nenhum plano realista pode ser feito. Ainda assim apresentam dados valiosos e, pela primeira vez, abordam a situação econômica da raça humana como um todo, suas possibilidades e seus perigos. A conclusão – que são necessárias uma nova ética e uma nova atitude em relação à natureza – é ainda mais valiosa por essa exigência ser tão contrária às suas premissas filosóficas.

No outro extremo está E. F. Schumacher, também economista, mas ao mesmo tempo um humanista radical. A exigência dele por uma mudança humana radical se baseia em dois argumentos: que nossa atual ordem social nos deixa doentes e que estamos a caminho de uma catástrofe econômica, a menos que mudemos radicalmente o nosso sistema social.

A necessidade de uma mudança humana profunda emerge não apenas como uma exigência ética ou religiosa, não apenas como uma exigência psicológica decorrente da natureza patogênica do nosso atual caráter social, mas também como uma condição para a pura sobrevivência da raça humana. Viver bem não é mais apenas o cumprimento de uma exigência ética ou religiosa. Pela primeira vez na história, *a sobrevivência física da raça humana depende de uma mudança radical no coração humano*. Contudo, uma mudança do coração humano só é possível na medida em que ocorram mudanças econômicas e sociais drásticas que deem ao coração humano a oportunidade de mudança e a coragem e a visão para alcançá-la.

Há alternativa para a catástrofe?

Todos os dados mencionados até agora são públicos e bem conhecidos. O fato quase inacreditável é que nenhum esforço sério é feito para evitar o que parece ser um decreto final do destino. Enquanto na nossa vida privada ninguém, exceto um louco, permaneceria passivo face a uma ameaça à nossa existência total, aqueles que estão encarregados dos assuntos públicos não fazem praticamente nada, e aqueles que lhes confiaram seu destino permitem que continuem a não fazer nada.

Como é possível que o mais forte de todos os instintos, o de sobrevivência, pareça ter deixado de nos motivar? Uma das explicações mais óbvias é que os líderes empreendem muitas ações que lhes permitem fingir que estão fazendo algo eficaz para evitar uma catástrofe: conferências intermináveis, resoluções, conversas sobre desarmamento, tudo dá a impressão de que se reconhecem os problemas e que algo está sendo feito para resolvê-los. No entanto, nada de real importância acontece; mas tanto os líderes como os liderados anestesiam suas consciências e o seu desejo de sobrevivência, dando a impressão de que conhecem o caminho e estão marchando na direção correta.

Outra explicação é que o egoísmo gerado pelo sistema faz com que os líderes valorizem mais o sucesso pessoal do que a responsabilidade social. Já não choca ninguém quando líderes políticos e executivos empresariais tomam decisões que parecem ser vantajosas para si, mas que ao mesmo tempo são prejudiciais e perigosas para a comunidade. De fato, se o egoísmo é um dos pilares da ética prática contemporânea, por que eles deveriam agir de outra forma? Eles parecem não saber que a ganância (como a submissão) torna as pessoas estúpidas no que diz respeito até mesmo à busca de seus próprios interesses reais, como o interesse em suas próprias vidas e nas vidas de seus cônjuges e filhos (cf. J. Piaget, *O juízo moral na criança*). Ao mesmo tempo, o público em geral também se preocupa de forma tão egoísta com os seus assuntos individuais que presta pouca atenção a tudo o que transcende a esfera pessoal.

Outra explicação para o enfraquecimento do nosso instinto de sobrevivência é que as mudanças que seriam necessárias na vida são tão drásticas que as pessoas preferem a catástrofe futura ao sacrifício que precisariam fazer agora. A descrição de Arthur Koestler de uma experiência que teve durante a Guerra Civil Espanhola é um exemplo revelador dessa atitude generalizada: Koestler se sentou na confortável *villa* de um amigo enquanto se reportava o avanço das tropas de Franco; não havia dúvida de que elas chegariam durante a noite e que ele muito provavelmente seria alvejado; ele poderia salvar a vida fugindo, mas a noite estava fria e chuvosa, a casa, quente e aconchegante; então ele ficou, foi feito prisioneiro, e apenas por quase um milagre sua vida foi salva muitas semanas depois pelos esforços de jornalistas amigáveis. Esse é também o tipo de comportamento que acontece com pessoas que correm o risco de morrer em vez de se submeterem a um exame que poderia levar ao diagnóstico de uma doença grave que exige uma cirurgia de grande porte.

Além dessas explicações para uma passividade humana fatal em questões de vida e morte, há outra, que é uma das minhas razões para escrever este livro. Refiro-me à visão de que não temos alternativas aos modelos do capitalismo corporativo, do socialismo socialdemocrata ou soviético, ou da tecnocracia "fascista, mas com um sorriso no rosto". A popularidade dessa visão se deve amplamente ao fato de que pouco esforço foi feito para estudar a viabilidade de modelos sociais inteiramente novos e para testá-los. De fato, enquanto os problemas da reconstrução social não se tornarem, mesmo que apenas parcialmente, uma preocupação das nossas melhores mentes, baseada em ciência e técnica, faltará imaginação para visualizar alternativas novas e realistas.

O principal ímpeto deste livro é a análise dos dois modos básicos de existência: o *modo do ter* e o *modo do ser*. No capítulo de abertura apresento algumas observações de "relance" sobre a diferença entre os dois modos. O segundo capítulo demonstra a diferença, utilizando uma série de exemplos da experiência diária que os leitores podem facilmente relacionar à sua própria experiência pessoal. O Capítulo 3 apresenta as visões sobre ter e ser no Antigo e no Novo Testamento e nos escritos do Mestre Eckhart. Os capítulos subsequentes tratam da questão mais difícil: a análise da diferença entre os modos de existência do ter e do ser, na qual tento construir conclusões teóricas com base nos dados empíricos. Embora até esse ponto o livro trate principalmente dos aspectos individuais dos dois modos básicos de existência, os capítulos finais tratam da relevância desses modos na formação de um Novo Homem e de uma Nova Sociedade e abordam as possibilidades de alternativas para o mal-estar individual debilitante e para o catastrófico desenvolvimento socioeconômico de todo o mundo.

Parte 1

Compreendendo a diferença entre ter e ser

1. Um primeiro olhar

A importância da diferença entre ter e ser

A distinção entre *ter versus ser* não apela ao bom senso. *Ter*, ao que parece, é uma função normal da nossa vida: precisamos ter coisas para viver. Mais ainda, precisamos ter coisas para desfrutá-las. Numa cultura em que o objetivo supremo é ter – e ter cada vez mais – e em que se pode falar que alguém "vale um milhão de dólares", como pode haver escolha entre ter e ser? Pelo contrário, parece mesmo que a própria essência do ser é o ter; que se alguém não tem nada, não é nada.

No entanto, os grandes Mestres da Vida fizeram da alternativa entre ter e ser uma questão central dos seus respectivos sistemas. O Buda ensina que, para chegar ao estágio mais elevado do desenvolvimento humano, não devemos desejar posses. Jesus ensina: "Pois quem quiser salvar a sua vida a perderá; mas quem perder a vida por minha causa, este a salvará. Pois que adianta ao homem ganhar o mundo inteiro, e perder-se ou destruir a si mesmo?" (Lucas 9:24-25). Mestre Eckhart ensinou que não ter nada e se tornar aberto e "vazio", não deixar o ego atrapalhar, é a condição para alcançar riqueza e força espiritual. Marx ensinou que o luxo é um vício, tanto quanto a pobreza, e que o nosso objetivo deveria consistir em *ser* muito, e não em *ter* muito. (Refiro-me aqui ao verdadeiro Marx, o humanista radical, e não à falsificação vulgar apresentada pelo comunismo soviético.)

Durante muitos anos, fiquei profundamente impressionado com essa distinção e procurava a sua base empírica no estudo concreto de indivíduos e grupos pelo método psicanalítico. O que vi me levou a concluir que essa distinção, junto com aquela entre o amor à vida e o amor aos mortos, representa o problema mais crucial da existência; que os dados empíricos antropológicos e psicanalíticos tendem a demonstrar que *ter e ser são dois modos fundamentais de experiência, cujas respectivas forças determinam as diferenças entre o caráter dos indivíduos e os vários tipos de caráter social.*

Exemplos em várias expressões poéticas

Como introdução à compreensão da diferença entre os modos de existência do ter e do ser, deixe-me usar como ilustração dois poemas de conteúdo semelhante aos quais o falecido D. T. Suzuki se referiu nas "Palestras sobre Zen Budismo". Um é um haiku do poeta japonês Bashō (1644-1694); o outro poema é de um poeta inglês do século 19, Tennyson (1809-1892). Cada poeta descreve uma experiência semelhante: sua reação a uma flor que enxerga ao caminhar. Os versos de Tennyson:

> Flor na rachadura de um muro,
>   Arranco-te das fendas de uma vez,

Com raiz e tudo tomo-te aqui, à mão,
Florzinha – mas se eu tivesse a compreensão
De tudo o que és, raiz e tudo,
Saberia o que são o homem e Deus.

Traduzido para o português, o haiku de Bashō é mais ou menos assim:

Se olho com atenção
Vejo florir a *nazunia*
Pertinho da sebe![2]

A diferença é impressionante. Tennyson reage à flor querendo *tê-la*. Ele a "arranca", "com raiz e tudo". E enquanto ele termina com uma especulação intelectual sobre a possível função da flor para alcançar o *insight* sobre a natureza de Deus e do homem, a própria flor é morta como resultado de seu interesse por ela. Tennyson, como o vemos em seu poema, pode ser comparado ao cientista ocidental que busca a verdade por meio do desmembramento da vida.

A reação de Bashō à flor é totalmente diferente. Ele não quer arrancá-la; ele nem sequer a toca. Tudo o que ele faz é *olhar com atenção* para *notá-la*. Veja a descrição de Suzuki:

> É provável que Bashō estivesse caminhando por uma estrada rural quando notou algo bastante negligenciado perto de uma sebe. Ele então se aproximou, deu uma boa olhada nela e descobriu que era nada menos que uma planta selvagem, bastante insignificante e geralmente despercebida pelos transeuntes. Um fato simples, descrito no poema sem nenhum sentimento

---

[2] Traduzido a partir da versão em inglês citada pelo autor: "When I look carefully / I see the *nazunia* blooming / By the edge!". [N.T.]

especificamente poético expresso em qualquer lugar, exceto talvez nas duas últimas sílabas, *kana*, em japonês. Essa partícula, frequentemente anexada a um substantivo, adjetivo ou advérbio, significa um certo sentimento de admiração, elogio, tristeza ou alegria, e às vezes pode ser traduzida de maneira bastante apropriada como um ponto de exclamação. No presente haiku, o poema como um todo termina assim.

Tennyson, ao que parece, precisa possuir a flor para compreender as pessoas e a natureza, e, ao *tê-la*, a flor é destruída. O que Bashō quer é *ver*, e não apenas olhar para a flor, mas estar nela, "unir-se" com ela – e deixá-la viver. A diferença entre Tennyson e Bashō é totalmente explicada neste poema de Goethe:

Achado
Caminhei na floresta
Só, por mim mesmo,
Procurando o nada,
Que estava em minha mente.

Vi nas sombras
Uma pequena flor em haste,
Brilhante como as estrelas
Como lindos olhos.

Eu queria arrancá-la,
Mas ela disse com doçura:
É para murchar
Que devo ser partida?

Eu a tirei
Com todas as suas raízes,
Levei-a para o jardim
Numa linda casa.

E a plantei novamente
Num local tranquilo;
Agora ela se espraia
Sem parar, e floresce.[3]

Goethe, caminhando sem nenhum propósito em mente, é atraído pela pequena flor brilhante. Ele relata ter o mesmo impulso de Tennyson: arrancá-la. Mas, ao contrário de Tennyson, Goethe sabe que isso significa matar a flor. Para Goethe, a flor é tão viva que fala e o avisa; e ele resolve o problema de maneira diferente de Tennyson ou Bashō. Ele pega a flor "com todas as suas raízes", plantando-a de novo para que sua vida não seja destruída. Goethe está, por assim dizer, entre Tennyson e Bashō: para ele, no momento crucial, a força da vida é mais forte do que a força da mera curiosidade intelectual. Não é preciso dizer que nesse belo poema Goethe expressa o cerne do seu conceito de investigação da natureza.

A relação de Tennyson com a flor se dá no modo do ter, ou da posse – não posse material, mas posse de conhecimento. A relação de Bashō e Goethe com a flor que cada um vê se dá no modo do ser. Por ser, refiro-me

---

3   Traduzido da versão em inglês citada pelo autor: "I walked in the woods / All by myself, / To seek nothing, / That was on my mind. // I saw in the shade / A little flower stand, / Bright like the stars / Like beautiful eyes. // I wanted to pluck it, / But it said sweetly: / Is it to wilt / That I must be broken? // I took it out / With all its roots, / Carried it to the garden / At the pretty house. // And planted it again / In a quiet place; / Now it ever spreads / And blossoms forth". [N.T.]

ao modo de existência em que ninguém *tem* ou deseja *ter* algo, mas é alegre, emprega produtivamente suas faculdades, está *unido* ao mundo.

Em muitos de seus poemas, Goethe, o grande amante da vida e um dos mais destacados batalhadores contra o desmembramento e a mecanização humana, deu expressão à oposição entre ser e ter. Seu Fausto é uma descrição dramática do conflito entre o ser e o ter (este último representado por Mefistófeles), enquanto no curto poema a seguir ele expressa a qualidade do ser com a maior simplicidade:

Propriedade
Eu sei que nada me pertence
Além do pensamento que, desimpedido,
Da minha alma fluirá.
E todo momento favorável
Que o amoroso Destino,
Das profundidades, permite-me gozar.[4]

A diferença entre ser e ter não é, em essência, aquela entre Oriente e Ocidente. A diferença é antes entre uma sociedade centrada nas pessoas e uma sociedade centrada nas coisas. A orientação para o ter é característica da sociedade industrial ocidental, na qual a ganância por dinheiro, fama e poder se tornou o tema dominante da vida. Sociedades menos alienadas – como a sociedade medieval, os indígenas Zuni ou as sociedades tribais africanas que não foram afetadas pelas ideias do "progresso" moderno – têm os seus próprios Bashōs. Talvez depois de mais algumas gerações de industrialização, os japoneses tenham os seus

---

4 Traduzido da versão em inglês citada pelo autor: "I know that nothing belongs to me / But the thought which unimpeded / From my soul will flow. / And every favorable moment / Which loving Fate / From the depth lets me enjoy". [N.T.]

Tennysons. Não é que o Homem Ocidental não consiga compreender completamente os sistemas orientais, como o Zen Budismo (como pensava Jung); é o Homem moderno que não consegue compreender o espírito de uma sociedade que não esteja centrada na propriedade e na ganância. De fato, os escritos do Mestre Eckhart (tão difíceis de compreender quanto Bashō ou o Zen) e os escritos do Buda são apenas dois dialetos da mesma língua.

Mudanças idiomáticas

Certa mudança na ênfase em ter e ser é evidenciada no uso crescente de substantivos e na diminuição do uso de verbos nas línguas ocidentais nos últimos séculos.

Um substantivo é a denotação adequada para uma coisa. Posso dizer que *tenho* coisas: por exemplo, que tenho uma mesa, uma casa, um livro, um carro. A denotação adequada para uma atividade, um processo, é um verbo: por exemplo, eu sou, eu amo, eu desejo, eu odeio etc. Contudo, cada vez mais frequentemente uma *atividade* é expressa em termos de *ter*; isto é, usa-se um substantivo em vez de um verbo. Mas expressar uma atividade por meio do "ter" em conexão com um substantivo é um uso errôneo da linguagem, porque processos e atividades não podem ser possuídos; eles só podem ser vivenciados.

Observações mais antigas: Du Marais – Marx

As consequências nefastas dessa confusão já eram reconhecidas no século 18. Du Marais deu uma expressão muito precisa do problema em sua obra publicada postumamente, *Les Veritables Principes de la Grammaire* [Os verdadeiros princípios da gramática] (1769). Ele escreve: "Neste exemplo, 'eu tenho um relógio', 'eu tenho' deve ser entendido no seu sentido devido; mas em 'eu tenho uma ideia', 'eu tenho' é dito apenas a título de imitação. É uma expressão emprestada. 'Eu tenho uma ideia' significa 'Eu penso, concebo de tal ou tal modo'. 'Eu tenho saudade' significa 'Eu desejo'; 'Eu tenho vontade' significa 'Eu quero' etc." (tradução minha para o inglês; estou em dívida com o Dr. Noam Chomsky pela referência a Du Marais).

Um século depois de Du Marais ter observado esse fenômeno de substituição de verbos por substantivos, Marx e Engels abordam o mesmo problema, mas de uma forma mais radical, em *A sagrada família*. Incluído nessa crítica à "crítica crítica" de Edgar Bauer está um pequeno, mas muito importante, ensaio sobre o amor no qual se faz referência à seguinte afirmação de Bauer: "O amor é uma deusa cruel, que, como todas as divindades, quer possuir o homem inteiro e que não fica satisfeita até que este tenha sacrificado a ela não apenas sua alma, mas também seu eu físico. Seu culto é sofrimento; o ápice desse culto é o autossacrifício, o suicídio" (tradução minha para o inglês).

Marx e Engels respondem: Bauer "transforma o amor numa 'deusa', e numa 'deusa cruel', ao transformar o *homem que ama* ou o *amor do homem* no *homem do amor*, ele assim transforma o amor em um ser separado do homem e o torna uma entidade independente" (tradução minha para o inglês). Marx e Engels apontam aqui para o fator decisivo no uso do substantivo em vez do verbo. O substantivo "amor", que é apenas uma abstração para a atividade de amar, separa-se do homem. O homem que ama se torna o homem do amor. O amor se torna uma deusa, um ídolo no qual o homem projeta o seu amor; nesse processo de alienação ele deixa de experimentar o amor, entrando em contato apenas com sua capacidade de amar por meio de sua submissão à deusa Amor. Ele deixou de ser uma pessoa ativa que sente; em vez disso, ele se tornou um adorador alienado de um ídolo e se perde quando perde o contato com seu ídolo.

Uso contemporâneo

Durante os duzentos anos desde Du Marais, essa tendência de substituição de verbos por substantivos cresceu a proporções que nem mesmo ele poderia ter imaginado. Aqui está um exemplo típico, embora um pouco exagerado, da linguagem atual. Suponha que uma pessoa que procura a ajuda de um psicanalista inicie a conversa com a seguinte frase: "Doutor, eu *tenho* um problema; *tenho* insônia. Embora eu *tenha* uma bela casa, bons filhos e um casamento feliz, *tenho* muitas preocupações". Algumas décadas atrás, em vez de "Tenho um problema", o paciente provavelmente teria dito: "*Estou* com problemas"; em vez de "*Tenho* insônia", "*Não consigo* dormir"; em vez de "*Tenho* um casamento feliz", "*Sou* feliz no casamento".

Esse estilo de discurso mais recente indica o alto grau de alienação predominante. Ao dizer "*Tenho* um problema" em vez de "*Estou* com problemas", a experiência subjetiva é eliminada: o *eu* da experiência é substituído pelo *isso* da posse. Transformei meu sentimento em algo que possuo: o problema. Mas "problema" é uma expressão abstrata para todos os tipos de dificuldades. Não dá para *ter* problemas, porque não é algo que possa ser possuído; ele, no entanto, pode me possuir. Isto é, *transformei-me* num "problema" e agora sou propriedade da minha criação. Essa forma de falar revela uma alienação oculta e inconsciente.

É claro que se pode argumentar que a insônia é um sintoma físico, como uma dor de garganta ou uma dor de dentes, e que, portanto, é tão legítimo dizer que se *tem* insônia como dizer que se *tem* dor de garganta. Mas há uma diferença: dor de garganta ou de dente é uma sensação corporal que pode ser mais ou menos intensa, mas tem pouca qualidade psíquica. Alguém pode *ter* dor de garganta, porque tem garganta, ou dor de dente, porque tem dentes. A insônia, pelo contrário, não é uma sensação corporal, mas um estado de espírito, o de não conseguir dormir. Se falo "Tenho insônia" em vez de dizer "Não consigo dormir", traio meu desejo de afastar a experiência de ansiedade, inquietação e tensão que me impede de dormir, e de lidar com o fenômeno mental *como se fosse* um sintoma corporal.

Outro exemplo: dizer "Tenho muito amor por você" não tem sentido. O amor não é algo que se possa ter, mas um processo, uma atividade interior da qual somos sujeitos. Posso amar, posso *estar* apaixonado, mas no amor... não tenho nada. Na verdade, quanto menos tenho, mais posso amar.

Origem dos termos

"Ter" é uma expressão enganosamente simples. Todo ser humano *tem* alguma coisa: um corpo,[5] roupas, abrigo – chegando ao homem ou à mulher moderna que tem um carro, um aparelho de televisão, uma máquina de lavar etc. Viver sem ter alguma coisa é virtualmente impossível. Por que, então, ter deveria ser um problema? No entanto, a história linguística de "ter" indica que a palavra é, de fato, um problema.

---

5 É necessário mencionar aqui, ao menos de passagem, que também existe uma relação de ser com o corpo em que se vivencia o corpo como algo vivo, e que pode ser expressa dizendo "Eu sou meu corpo", em vez de "Eu tenho meu corpo"; todas as práticas de consciência sensorial buscam essa experiência do corpo.

Para aqueles que acreditam que ter é uma categoria muito natural da existência humana, pode ser uma surpresa saber que muitas línguas não têm palavra para "ter". Em hebraico, por exemplo, "eu tenho" deve ser expresso pela forma indireta *jesh li* ("é para mim"). Na verdade, predominam as línguas que expressam posse dessa forma, em vez de "eu tenho". É interessante notar que no desenvolvimento de muitas línguas a construção "é para mim" é seguida mais tarde pela construção "eu tenho", mas como Emile Benveniste apontou, a evolução não ocorre na direção inversa.[6] Esse fato sugere que a palavra *ter* se desenvolve em ligação com o desenvolvimento da propriedade privada, embora esteja ausente em sociedades com propriedade predominantemente funcional, ou seja, posse para uso. Outros estudos sociolinguísticos deverão ser capazes de mostrar se e em que medida essa hipótese é válida.

Se *ter* parece ser um conceito relativamente simples, *ser* é muito mais complicado e difícil. "Ser" é usado de várias maneiras diferentes: (1) uma cópula como em "Eu sou alto", "Eu sou branco", "Eu sou pobre", ou seja, uma denotação gramatical de identidade (muitas línguas não têm um palavra para "ser" neste sentido; o espanhol e o português distinguem entre qualidades permanentes, *ser*, que pertencem à essência do sujeito, e qualidades contingentes, *estar*, que não são da essência);[7] (2) forma passiva de um verbo – por exemplo, "fui espancado" significa que sou o objeto da atividade de outra pessoa, e não o sujeito da minha atividade, como em "Eu espanco"; (3) com o significado de *existir* – em que, como Benveniste mostrou, o "ser" da existência é um termo diferente de "ser" como uma cópula que afirma identidade: "As duas palavras coexistiram e ainda podem coexistir, embora elas sejam totalmente diferentes".

---

6   As citações linguísticas são de Benveniste.
7   Na língua inglesa, tanto qualificações transitórias quanto permanentes são expressas pelo verbo "*to be*". [N.E.]

Um primeiro olhar

O estudo de Benveniste lança nova luz sobre o significado de "ser" como um verbo em si, e não como uma cópula. "Ser", nas línguas indo-europeias, é expresso pela raiz *es*, cujo significado é "ter existência, ser encontrado na realidade". Existência e realidade são definidas como "aquilo que é autêntico, consistente, verdadeiro". (Em sânscrito, *sant*, "existente", "bondade real", "verdadeiro"; superlativo *Sattama*, "o melhor".) Portanto, em sua raiz etimológica, "ser" é mais do que uma declaração de identidade entre sujeito e atributo; é mais do que um termo *descritivo* para um fenômeno. Ele denota a realidade da existência de quem ou o que é; afirma sua autenticidade e verdade. Afirmar que alguém ou algo é se refere à essência da pessoa ou da coisa, e não à sua aparência.

Essa pesquisa preliminar sobre o significado de ter e ser leva às seguintes conclusões:

1. Por ser ou ter não me refiro a certas qualidades separadas de um sujeito, conforme ilustrado em afirmações como "Eu tenho um carro" ou "Eu sou branco" ou "Eu sou feliz". Refiro-me a dois modos fundamentais de existência, a dois tipos diferentes de orientação em relação a si mesmo e ao mundo, a dois tipos diferentes de estrutura de caráter, cuja respectiva predominância determina a totalidade do pensamento, sentimento e ação de uma pessoa.
2. No modo de existência do "ter", minha relação com o mundo é de possuir e dominar; nela, quero fazer de tudo e de todos, inclusive de mim mesmo, minha propriedade.
3. No modo de existência do "ser", devemos identificar duas formas de ser. Uma contrasta com *ter*, como exemplificado na declaração de Du Marais, e significa vivacidade e relacionamento autêntico com o mundo. A outra forma de ser contrasta com *aparentar* e se refere à

verdadeira natureza, à verdadeira realidade de uma pessoa ou coisa, em contraste com as aparências enganosas, como exemplificada na etimologia do ser (Benveniste).

Conceitos filosóficos de ser

A discussão sobre o conceito de ser fica ainda mais complicada porque o ser tem sido tema de muitos milhares de livros filosóficos, e "O que é ser?" tem sido uma das questões cruciais da filosofia ocidental. Embora o conceito de ser seja tratado aqui do ponto de vista antropológico e psicológico, a discussão filosófica não é, evidentemente, alheia aos problemas antropológicos. Dado que mesmo uma breve apresentação do desenvolvimento do conceito de ser na história da filosofia, desde os pré-socráticos até a filosofia moderna, iria além dos limites deste livro, mencionarei apenas um ponto crucial: o conceito de *processo, atividade e movimento como um elemento do ser*. Como salientou George Simmel, a ideia de que o ser implica mudança, isto é, de que ser é *devir*, tem os seus dois maiores e mais intransigentes representantes no início e no apogeu da filosofia ocidental: em Heráclito e em Hegel.

A posição de que o ser é uma substância permanente, atemporal e imutável, o oposto do devir, conforme expressa por Parmênides, Platão e pelos "realistas" escolásticos, só faz sentido com base na noção idealista de que um pensamento (ideia) é a realidade última. Se a *ideia* de amor (no sentido de Platão) é mais real do que a experiência de amar, pode-se dizer que o amor como ideia é permanente e imutável. Mas quando começamos com a realidade dos seres humanos existindo, amando, odiando, sofrendo, então não há ser que não esteja ao mesmo tempo a devir e a mudar. Estruturas vivas só podem existir no devir; elas só podem existir se mudarem. Mudança e crescimento são qualidades inerentes ao processo vital.

O conceito radical de Heráclito e Hegel de vida como um processo, e não como uma substância, tem paralelo no mundo oriental com a filosofia do Buda. Não há espaço no pensamento budista para o conceito de qualquer substância duradoura e permanente, nem para as coisas nem para o eu. Nada é real, exceto processos.[8] O pensamento científico contemporâneo trouxe um renascimento dos conceitos filosóficos de "pensamento de processo", descobrindo-os e aplicando-os às ciências naturais.

Ter e consumir

Antes de discutir alguns exemplos simples dos modos de existência do ter e do ser, outra manifestação do ter deve ser mencionada, a de *incorporar*. Incorporar uma coisa, por exemplo, ao comê-la ou bebê-la, é uma forma arcaica de possuí-la. A certa altura do seu desenvolvimento, a criança tende a colocar na boca as coisas que deseja. É a forma de apropriação do bebê, quando seu desenvolvimento corporal ainda não lhe permite ter outras formas de controle de suas posses. Encontramos a mesma ligação entre incorporação e posse em muitas formas de canibalismo. Por exemplo: ao comer outro ser humano, adquiro os poderes dessa pessoa (assim o canibalismo pode ser o equivalente mágico da aquisição

---

[8] Z. Fišer, um dos mais destacados filósofos tchecos, embora pouco conhecido, relacionou o conceito budista de processo à autêntica filosofia marxista. Infelizmente, a obra foi publicada apenas na língua tcheca e, portanto, tem sido inacessível à maioria dos leitores ocidentais. (Eu conheço o trabalho por uma tradução particular em inglês.)

de escravos); comendo o coração de um homem valente, adquiro sua coragem; ao comer um animal totêmico, adquiro a substância divina que o animal totêmico simboliza.

É claro que a maioria dos objetos não pode ser incorporado fisicamente (e, caso pudesse, seria novamente perdido no processo de eliminação). Mas há também incorporação *simbólica* e *mágica*. Se acredito que incorporei a imagem de um deus, de um pai ou de um animal, ela não pode ser retirada nem eliminada. Engulo o objeto simbolicamente e acredito na sua presença simbólica dentro de mim. Foi assim, por exemplo, que Freud explicou o superego: a soma total introjetada das proibições e ordens do pai. Uma autoridade, uma instituição, uma ideia, uma imagem podem ser introjetadas da mesma maneira: eu as tenho, eternamente protegidas em minhas entranhas, por assim dizer. ("Introjeção" e "identificação" são frequentemente usadas como sinônimos, mas é difícil decidir se são realmente o mesmo processo. De qualquer forma, "identificação" não deve ser usada livremente, quando seria melhor falar de imitação ou subordinação.)

Existem muitas outras formas de incorporação que não estão ligadas às necessidades fisiológicas e, portanto, não são limitadas. A atitude inerente ao consumismo é a de engolir o mundo inteiro. O consumidor é o eterno lactente que clama por mamadeira. Isso é óbvio em fenômenos patológicos, como o alcoolismo e a dependência química. Aparentemente, destacamos ambos os vícios porque os seus efeitos interferem nas obrigações sociais da pessoa viciada. O tabagismo compulsivo não é assim censurado porque, embora seja um vício, não interfere nas funções sociais dos fumantes, mas possivelmente "apenas" na sua longevidade.

Mais atenção será dada às muitas formas de consumismo cotidiano mais adiante neste volume. Posso apenas observar aqui que, no que diz respeito ao tempo de lazer, os automóveis, a televisão, as viagens e o sexo são os principais objetos do consumismo atual e, embora falemos deles como atividades de lazer, faríamos melhor em chamá-los de *passividades* de lazer.

Resumindo, consumir é uma forma de ter, e talvez a mais importante para as sociedades industriais ricas de hoje. Consumir tem qualidades ambíguas: alivia a ansiedade, porque o que se tem não pode ser tirado; mas também exige que se consuma cada vez mais, porque o consumo anterior logo perde seu caráter satisfatório. Os consumidores modernos podem se identificar com a fórmula: *Eu sou = o que tenho e o que consumo.*

2. Ter e ser na experiência cotidiana

Como a sociedade em que vivemos se dedica à aquisição de propriedades e à obtenção de lucro, raramente vemos qualquer evidência do modo de existência do ser, e a maioria das pessoas enxerga o modo do ter como a existência mais natural, até mesmo a única forma aceitável de vida. Tudo isso especialmente dificulta a compreensão das pessoas sobre a natureza do modo do ser, e até mesmo o entendimento de que ter é apenas uma das orientações possíveis. No entanto, esses dois conceitos estão enraizados na experiência humana. Nenhum deles deve ou pode ser examinado de uma forma abstrata e puramente cerebral; ambos se refletem na nossa vida cotidiana e devem ser tratados concretamente. Os simples exemplos a seguir, de como o ter e o ser são demonstrados na vida cotidiana, podem ajudar os leitores a compreender esses dois modos alternativos de existência.

Aprender

Em uma aula, estudantes no modo de existência do ter ouvirão as palavras e compreenderão sua estrutura lógica e seu significado e, da melhor maneira que puderem, anotarão cada palavra em seus fichários – para que, mais tarde, possam memorizar suas anotações e assim passar em uma prova. Mas o conteúdo não se torna parte do sistema individual de pensamento deles. Assim, em vez de esse conteúdo enriquecer e ampliar esse sistema, os alunos transformam as palavras ouvidas em grupos fixos de pensamento, ou em teorias inteiras, que depois armazenam. Os estudantes e o conteúdo das aulas permanecem estranhos uns aos outros, exceto pelo fato de que cada aluno se tornou proprietário de uma coleção de declarações feitas por outra pessoa (que as criou ou as adquiriu de outra fonte).

Os estudantes sob o modo do ter apresentam apenas um objetivo: manter o que "aprenderam", seja confiando-o firmemente às suas memórias ou guardando cuidadosamente suas anotações. Eles não precisam produzir ou criar algo novo. Na verdade, os indivíduos do tipo *ter* se sentem muito perturbados por novos pensamentos ou ideias sobre um assunto, porque o novo coloca em questão a soma fixa de informações que eles têm. De fato, para uma pessoa para quem ter é a principal forma de relacionamento com o mundo, ideias que não podem ser facilmente definidas (ou escritas) são assustadoras – como tudo o mais que cresce e muda e, portanto, não é controlável.

O processo de aprendizagem tem uma qualidade totalmente diferente para estudantes no modo do ser de relacionamento com o mundo. Para começar, não vão às aulas do curso, nem mesmo à primeira delas, como tábula rasa. Eles pensaram de antemão sobre os problemas que as aulas abordarão e têm em mente certas questões e problemas próprios.

Estão ocupados com o assunto e isso lhes interessa. Em vez de serem receptáculos passivos de palavras e ideias, eles ouvem, *escutam* e, o mais importante, *recebem* e *respondem* de uma forma ativa e produtiva. O que ouvem estimula os seus próprios processos de pensamento. Novas questões, novas ideias, novas perspectivas surgem em suas mentes. A escuta deles é um processo vivo. Eles ouvem com interesse, escutam o que é dito e espontaneamente ganham vida em resposta ao que ouvem. Não se trata simplesmente de adquirir conhecimentos que os estudantes podem levar para casa e memorizar. Cada um foi afetado e mudou: cada um é diferente depois da aula. É claro que esse modo de aprendizagem só pode prevalecer se a aula oferecer material estimulante. Falatório vazio não pode ser respondido no modo do ser e, em tais circunstâncias, os estudantes sob o modo do ser acham melhor não escutar nada, mas se concentrar nos próprios processos de pensamento.

Pelo menos uma referência passageira deveria ser feita aqui à palavra "interesses", que no uso corrente se tornou uma expressão pálida e desgastada. No entanto, seu significado essencial está contido em sua raiz: o latim "inter-esse", "estar dentro [ou] entre" ele. Esse interesse ativo era expresso no inglês médio[9] pelo termo "*to list*" [prestar atenção, inclinar-se com interesse] (adjetivo, "*listy*" [atento]; advérbio, "*listily*" [atentamente]). No inglês moderno, "*to list*" é usado apenas no sentido espacial: "*a ship lists*" [um navio aderna]; o significado original em um sentido psíquico só temos no negativo "*listless*" [apático]. "*To list*" já significou "esforçar-se ativamente por", "estar genuinamente interessado em". A raiz é a mesma que em "*lust*" [luxúria], mas "*to list*" não é uma luxúria pela qual alguém é movido, mas o interesse livre e ativo ou o

---

9 O inglês médio antecedeu o inglês moderno na Inglaterra; a língua prevaleceu no período entre a conquista normanda e o advento da imprensa na Grã-Bretanha (aprox. 1066-1476). [N.E.]

esforço por algo. "*To list*" é uma das expressões-chave do autor anônimo (meados do século 14) de *A nuvem do não saber*. O fato de a linguagem ter mantido a palavra apenas no seu sentido negativo é característico da mudança de espírito na sociedade entre os séculos 13 e 20.

Lembrar

Lembranças podem ocorrer tanto no modo do ter quanto no modo do ser. O que mais importa para a diferença entre as duas formas de recordação é o *tipo* de conexão que é feita. Nas lembranças do modo do ter, a conexão é inteiramente *mecânica*, como quando a conexão entre uma palavra e a próxima se torna firmemente estabelecida pela frequência com que é feita. Ou as conexões podem ser puramente *lógicas*, como a conexão entre opostos, ou entre conceitos convergentes, ou com tempo, espaço, tamanho, cor, ou dentro de um determinado sistema de pensamento.

No modo do ser, lembrar é relembrar *ativamente* palavras, ideias, paisagens, pinturas, músicas; isto é, conectar o dado único a ser lembrado e os muitos outros dados aos quais ele está conectado. As conexões no caso do ser não são mecânicas nem puramente lógicas, mas vivas. Um conceito está conectado a outro por um ato produtivo de pensar (ou sentir) que é mobilizado quando se busca a palavra certa. Um exemplo simples: se associo a palavra "dor" ou "aspirina" à expressão "dor de cabeça", lido com uma associação lógica e convencional. Mas se associo a palavra "estresse" ou "raiva" a "dor de cabeça", conecto este dado com suas possíveis consequências, uma percepção a que cheguei ao estudar o fenômeno. Este último tipo de lembrança constitui em si um ato de pensamento produtivo. Os exemplos mais marcantes desse tipo de recordação viva são as "associações livres" concebidas por Freud.

Pessoas que não estão majoritariamente inclinadas a armazenar dados descobrirão que suas memórias, para funcionarem bem, necessitam de um *interesse* forte e imediato. Por exemplo, sabe-se que indivíduos se lembram de palavras de línguas estrangeiras há muito esquecidas quando isso se torna algo de vital importância. E por experiência própria, embora não seja dotado de uma memória particularmente boa, lembro-me do sonho de uma pessoa que analisei, tenha sido isso há duas semanas ou cinco anos, quando novamente me deparo e me concentro na personalidade dessa pessoa como um todo. No entanto, cinco minutos antes – por assim dizer, a frio – eu não conseguiria me lembrar daquele sonho.

No modo do ser, lembrar implica dar vida a algo que se viu ou ouviu antes. Podemos vivenciar essa lembrança produtiva tentando visualizar o rosto de uma pessoa ou um cenário que já vimos. Não seremos capazes de lembrar instantaneamente em nenhum dos casos; devemos recriar o sujeito, trazê-lo à vida em nossa mente. Esse tipo de lembrança nem sempre é fácil; para ser capaz de recordar completamente o rosto ou o cenário, é necessário tê-lo visto uma vez com concentração suficiente. Quando tal lembrança é plenamente alcançada, a pessoa cujo rosto é lembrado está tão viva, o cenário lembrado tão vívido, que é como se estar, de fato, fisicamente diante dessa pessoa ou daquela visão.

A maneira como aqueles que estão no modo do ter se lembram de um rosto ou cenário é tipificada pela maneira como a maioria das pessoas olha para uma fotografia. A fotografia serve apenas como um auxílio à memória para identificar uma pessoa ou uma cena, e a reação habitual que provoca é: "Sim, é ele"; ou "Sim, estive lá". A fotografia se torna, para a maioria das pessoas, uma memória *alienada*.

A memória confiada ao papel é outra forma de lembrança alienada. Ao escrever o que quero lembrar, tenho certeza de que tenho essa informação e não tento gravá-la em meu cérebro. Tenho certeza da minha posse – exceto que, quando perco minhas anotações, perco também a memória da informação. Minha capacidade de lembrar me deixou, pois meu banco de memória se tornou uma parte externalizada de mim, na forma das minhas anotações.

Considerando a infinidade de dados de que as pessoas da nossa sociedade contemporânea precisam se lembrar, é inevitável que certa quantidade de anotações e informações seja depositada em livros. Mas a tendência de se afastar da lembrança está crescendo para além de uma proporção razoável. Pode-se, melhor e mais facilmente, observar em si mesmo que escrever coisas diminui o poder de lembrar, mas alguns exemplos típicos podem ser úteis.

Um exemplo cotidiano ocorre nas lojas. Hoje, um vendedor raramente fará mentalmente uma simples adição de dois ou três itens, usando imediatamente, em vez disso, uma máquina. A sala de aula fornece outro exemplo. Os professores podem observar que os alunos que escrevem cuidadosamente cada frase da aula irão, com toda a probabilidade, compreender e lembrar menos do que os alunos que confiaram na sua capacidade de compreender e, portanto, lembrar pelo menos o essencial. Além disso, os músicos sabem que aqueles que leem uma partitura com mais facilidade têm mais dificuldade em lembrar a música sem a partitura.[10] (Toscanini, cuja memória era conhecida por ser extraordinária, é um bom exemplo de músico no modo do ser.) Para dar um último exemplo, observei no México que as pessoas que são analfabetas ou que escrevem pouco têm memórias muito superiores às dos habitantes fluentemente alfabetizados dos países industrializados. Entre outros fatos, isso sugere que a alfabetização não é de forma alguma a bênção que se anuncia, especialmente quando as pessoas a utilizam apenas para ler material que empobrece a sua capacidade de experimentar e de imaginar.

---

10 Esse dado me foi informado pelo Dr. Moshe Budmor.

Conversar

A diferença entre os modos do ter e do ser pode ser facilmente observada em dois exemplos de conversas. Tomemos um típico debate conversacional entre dois homens, em que A tem a opinião X e B tem a opinião Y. Cada um se identifica com a sua própria opinião. O que importa para cada um é encontrar argumentos melhores, ou seja, mais razoáveis, para defender a sua opinião. Nenhum dos dois espera mudar sua própria opinião, ou que a opinião do seu oponente mude. Cada um tem medo de mudar de opinião, precisamente porque é um dos seus bens e, portanto, a sua perda significaria um empobrecimento.

A situação é um pouco diferente em uma conversa que não pretende ser um debate. Quem já não conheceu uma pessoa que se distingue por sua proeminência, pela fama ou mesmo por qualidades reais, ou uma pessoa de quem se deseja alguma coisa: um bom emprego, ser amado, ser admirado? Em tais circunstâncias, muitas pessoas tendem a ficar pelo menos ligeiramente ansiosas e muitas vezes "se preparam" para esse importante encontro. Pensa-se em temas que possam interessar à outra; pensa-se antecipadamente em como poderão iniciar a conversa; algumas até mapeiam toda a conversa, no que diz respeito à sua parte. Ou podem se fortalecer pensando sobre o que *têm*: seus sucessos passados, sua personalidade encantadora (ou sua personalidade intimidadora, se esse papel for mais eficaz), sua posição social, suas ligações, sua aparência e vestuário. Em resumo, elas sopesam mentalmente seu valor e, com base nessa avaliação, exibem seus produtos na conversa que se segue. A pessoa que é muito boa nisso impressionará muitas outras, embora a impressão criada se deva apenas parcialmente ao desempenho do indivíduo e em grande parte à pobreza de discernimento da maioria das pessoas. Contudo, se a pessoa não for tão inteligente, seu desempenho parecerá rígido, artificial, tedioso e não suscitará muito interesse.

Em contraste estão aquelas pessoas que abordam uma situação sem preparar nada antecipadamente, sem se fortalecer de forma alguma. Em vez disso, respondem de forma espontânea e produtiva; esquecem de si mesmas, dos conhecimentos, dos cargos que ocupam. O seu ego não se interpõe no próprio caminho, e é precisamente por essa razão que elas podem responder plenamente à outra pessoa e às ideias dela. Elas dão origem a novas ideias, já que não se apegam a nada e podem, portanto, produzir e dar. Enquanto as pessoas do modo do ter confiam no que *têm*, as pessoas do modo do ser confiam no fato de que *são*, que estão vivas, e que algo novo nascerá se tiverem ao menos a coragem de desapegar e responder. Elas se tornam plenamente vivas na conversa, já não se sufocam pela preocupação ansiosa com o que têm. A sua própria vivacidade é contagiosa e muitas vezes ajuda a outra pessoa a transcender o seu egocentrismo. Assim, a conversa deixa de ser uma troca de *commodities* (informação, conhecimento, *status*) e se torna um diálogo em que não mais importa quem está certo. Os duelistas começam a dançar juntos, e quando se separam não é em triunfo ou com tristeza – que são igualmente estéreis –, mas com alegria. (O fator essencial na terapia psicanalítica é essa qualidade vivificante do terapeuta. Nenhuma interpretação psicanalítica terá efeito se a atmosfera terapêutica for pesada, sem vida e entediante.)

Ler

O que vale para uma conversa vale igualmente para a leitura, que é – ou deveria ser – uma conversa entre o autor ou autora e o leitor ou leitora.

É claro que, na leitura (assim como numa conversa pessoal), é importante saber *quem* eu leio (ou com quem eu converso). Ler um romance barato é uma forma de sonhar acordado. Ele não permite uma resposta produtiva; o texto é engolido como um programa de televisão, ou como as batatas fritas que alguém mastiga enquanto assiste à TV. Mas um romance, digamos, de Balzac, pode ser lido com participação interior, produtivamente – isto é, no modo do ser. No entanto, é provável que na maioria das vezes ele seja lido também no modo do consumo – do ter. Despertada a curiosidade, os leitores querem conhecer a trama: se o herói morre ou vive, se a heroína é seduzida ou resiste; eles querem saber as respostas. O romance serve como uma espécie de preliminar para excitá-los; o final feliz ou infeliz culmina a experiência: quando conhecem o final, têm a história toda, quase tão real como se vasculhassem as suas próprias memórias. Mas não aprimoraram seus conhecimentos; não compreenderam a pessoa do romance e, portanto, não aprofundaram sua compreensão da natureza humana ou adquiriram conhecimento sobre si mesmos.

Os modos de leitura são os mesmos no que diz respeito a um livro cujo tema é filosofia ou história. A maneira como se lê um livro de filosofia ou história é formada – ou melhor, deformada – pela educação. A escola pretende dar a cada aluno uma certa quantidade de "bens culturais" e, no final da formação, certifica os alunos como *tendo* pelo menos a quantidade mínima. Os alunos são ensinados a ler um livro para que possam repetir os pensamentos principais do autor. É assim que os estudantes "conhecem" Platão, Aristóteles, Descartes, Spinoza, Leibniz, Kant, Heidegger, Sartre. A diferença entre os vários níveis de ensino, desde o ensino secundário até a pós-graduação, reside principalmente na quantidade de bens culturais que são adquiridos, o que corresponde aproximadamente à quantidade de bens materiais que se espera que os alunos possuam mais tarde na vida. Os assim chamados "excelentes alunos" são aqueles que conseguem repetir com mais precisão o que cada um dos vários filósofos tinha a dizer. São como um guia bem informado de um museu. O que não aprendem é aquilo que vai além desse tipo de conhecimento de propriedade. Não aprendem a questionar os filósofos, a conversar com eles; não aprendem a ter consciência das contradições dos filósofos, do fato de que eles omitem certos problemas ou fogem a questões; não aprendem a distinguir entre o que era novo e o que os autores não podiam deixar de pensar porque era o "senso comum" do seu tempo; não aprendem a escutar para serem capazes de distinguir quando os autores falam apenas com o cérebro e quando o cérebro e o coração falam juntos; não aprendem a descobrir se os autores são autênticos ou falsos; e muito mais coisas.

Os leitores no modo do ser muitas vezes chegarão à conclusão de que mesmo um livro altamente elogiado não tem valor, ou tem um valor muito limitado. Ou podem ter compreendido completamente um livro, às vezes melhor do que o autor, que pode ter considerado tudo o que escreveu como igualmente importante.

Exercer autoridade

Outro exemplo da diferença entre os modos do ter e do ser é o exercício da autoridade. O ponto crucial está expresso na diferença entre *ter* autoridade e *ser* autoridade. Quase todos nós exercemos autoridade pelo menos em algum momento da vida. Aqueles que educam os filhos devem exercer autoridade – quer queiram ou não – a fim de proteger seus filhos dos perigos e dar-lhes pelo menos conselhos mínimos sobre como agir em diversas situações. Numa sociedade patriarcal, as mulheres também são objeto de autoridade, para a maioria dos homens. A maior parte dos membros de uma sociedade burocrática e hierarquicamente organizada como a nossa exerce autoridade, exceto as pessoas do nível social mais baixo, que são apenas objetos de autoridade.

A nossa compreensão da autoridade nos dois modos depende do reconhecimento de que "autoridade" é um termo amplo, com dois significados completamente diferentes: pode haver tanto uma autoridade "racional" quanto uma "irracional". A autoridade racional se baseia na competência e ajuda a pessoa que nela se apoia a crescer. A autoridade irracional se baseia no poder e serve para explorar a pessoa a ela sujeita. (Discuti essa distinção em *O medo da liberdade*.)

Entre as sociedades mais primitivas, ou seja, as de caçadores e coletores de alimentos, a autoridade é exercida por quem é reconhecido de modo geral como competente para a tarefa. As qualidades em que essa competência se baseia dependem muito de circunstâncias específicas, embora se possa presumir que estas incluiriam experiência, sabedoria, generosidade, habilidade, "presença" e coragem. Em muitas dessas tribos, não existe autoridade permanente; a autoridade surge em caso de necessidade. Ou existem autoridades diferentes para ocasiões diferentes: guerra, prática religiosa, ajuste de disputas. Quando as qualidades nas quais se baseia a autoridade desaparecem ou se enfraquecem, a autoridade em si acaba. Uma forma muito semelhante de autoridade pode ser observada em muitas sociedades primitivas, nas quais a competência é muitas vezes estabelecida não pela força física, mas por qualidades como experiência e "sabedoria". Num experimento muito engenhoso com macacos, J. M. R. Delgado (1967) demonstrou que se o animal dominante perder, mesmo que momentaneamente, as qualidades que constituem sua competência, sua autoridade acaba.

A autoridade no modo do ser se baseia não apenas na competência individual para cumprir determinadas funções sociais, mas igualmente na própria essência de uma personalidade que atingiu um elevado grau de crescimento e integração. Essas pessoas irradiam autoridade e não têm de dar ordens, ameaçar, subornar. São indivíduos altamente desenvolvidos que demonstram pelo que são – e não principalmente pelo que fazem ou dizem – o que os seres humanos podem ser. Os grandes Mestres da Vida eram tais autoridades, e, em menor grau de perfeição, tais indivíduos podem ser encontrados em todos os níveis educacionais e nas mais diversas culturas. (O problema da educação depende desse ponto. Se os pais fossem eles próprios mais desenvolvidos e repousassem no próprio centro, a oposição entre a educação autoritária e a educação *laissez-faire* dificilmente existiria. Necessitando dessa autoridade no modo do ser, a criança reage a ela com grande entusiasmo; por sua vez, a criança se rebela contra a pressão, a negligência ou a "superalimentação" por parte de pessoas que demonstram, pelo seu próprio comportamento, que elas próprias não fizeram o esforço que esperam da criança em crescimento.)

Com a formação de sociedades baseadas numa ordem hierárquica, muito maiores e mais complexas do que as dos caçadores e coletores de alimentos, a autoridade por competência cede à autoridade por *status* social. Isso não significa que a autoridade existente seja necessariamente incompetente; significa que a competência não é um elemento essencial da autoridade. Quer lidemos com a autoridade monárquica – na qual a loteria genética decide as qualidades de competência – ou com um criminoso inescrupuloso que consegue se tornar uma autoridade através de assassinato ou traição, ou, como acontece frequentemente na democracia moderna, com autoridades eleitas com base na sua fisionomia fotogênica ou na quantidade de dinheiro que podem gastar na sua eleição, em todos esses casos pode não haver quase nenhuma relação entre competência e autoridade.

Mas existem até problemas sérios nos casos de autoridade estabelecida com base em alguma competência: um líder pode ser competente num campo e incompetente em outro – por exemplo, uma estadista pode ser competente na condução da guerra e incompetente em situações de paz; ou um líder honesto e corajoso no início da carreira perde essas qualidades pela sedução do poder; ou idade ou problemas físicos podem levar a uma certa deterioração. Por fim, deve-se considerar que é muito mais fácil para os membros de uma pequena tribo julgar o comportamento de uma autoridade do que para os milhões de pessoas do nosso sistema, que conhecem o seu candidato apenas pela imagem artificial criada por especialistas em relações públicas.

Quaisquer que sejam as razões para a perda das qualidades formadoras de competência, na maioria das sociedades maiores e hierarquicamente organizadas ocorre o processo de alienação da autoridade. A competência inicial, real ou pretensa, é transferida para o uniforme ou para o título da autoridade. Se a autoridade usar o uniforme adequado ou tiver o título adequado, esse sinal externo de competência substitui a competência real e suas qualidades. O rei – para usar esse título como um símbolo para tal tipo de autoridade – pode ser estúpido, cruel e mau, isto é, totalmente incompetente para *ser* uma autoridade, mas ele *tem* autoridade. Enquanto tiver o título, presume-se que ele tem as qualidades da competência. Mesmo que o imperador esteja nu, todos acreditam que ele usa roupas lindas.

O fato de as pessoas adotarem uniformes e títulos como as verdadeiras qualidades da competência não é algo que acontece por si só. Aqueles que possuem esses símbolos de autoridade e que deles se beneficiam devem embotar o pensamento realista – isto é, crítico – de seus sujeitos e fazê-los acreditar na ficção. Qualquer pessoa que pense a respeito conhece as maquinações da propaganda, os métodos pelos quais o discernimento crítico é destruído, como a mente é ninada até a submissão por clichês, como as pessoas ficam mudas por se tornarem dependentes e perderem a capacidade de confiar em seus olhos e discernimento. Elas são cegadas para a realidade pela ficção em que acreditam.

Ter conhecimento e conhecer

A diferença entre o modo do ter e o modo do ser na esfera do *conhecer* é expressa em duas formulações: "Eu tenho conhecimento" e "Eu conheço". *Ter* conhecimento é tomar e manter posse do conhecimento disponível (informação); *conhecer* é algo funcional, servindo apenas como meio no processo de pensamento produtivo.

Nossa compreensão da qualidade do conhecimento no modo do ser pode ser aprimorada pelos *insights* de pensadores como o Buda, os profetas hebreus, Jesus, Mestre Eckhart, Sigmund Freud e Karl Marx. Na visão deles, o conhecimento começa com a consciência do engano das nossas percepções do senso comum, no sentido de que a nossa imagem da realidade física não corresponde ao que é "realmente real" e, principalmente, no sentido de que a maioria das pessoas está meio acordada, meio sonhando, e não tem consciência de que muito do que consideram verdadeiro e evidente é ilusão produzida pela influência sugestiva do mundo social em que vivem. O conhecimento, então, começa com a destruição das ilusões, com a desilusão (*Enttäuschung*). Conhecer significa penetrar na superfície para chegar às raízes e, portanto, às causas; conhecer significa "enxergar" a realidade em sua nudez. Conhecer não significa possuir a verdade; significa penetrar na superfície e se esforçar crítica e ativamente para se aproximar cada vez mais da verdade.

Essa qualidade de penetração criativa é expressa no hebraico *jadoa*, que significa conhecer e amar, no sentido de penetração sexual masculina. Buda, o Desperto, convida as pessoas a acordarem e a se libertarem da ilusão de que o desejo por coisas leva à felicidade. Os profetas hebreus apelam ao povo para que este desperte e saiba que os seus ídolos nada mais são do que obra das suas próprias mãos, ilusões. Jesus diz: "A verdade vos libertará!". Mestre Eckhart expressou muitas vezes o seu conceito de conhecimento; por exemplo, ao falar de Deus, ele diz: "O conhecimento não é um pensamento particular, mas antes é despido [de todas as coberturas], é desinteressado e corre nu para Deus, até que o toca e o agarra". ("Nudez" e "nu" são expressões favoritas do Mestre Eckhart, bem como do seu contemporâneo, o autor anônimo de *A nuvem do não saber*.) De acordo com Marx, é preciso destruir ilusões para criar as condições que tornam as ilusões desnecessárias. O conceito de autoconhecimento de Freud se baseia na ideia de destruir ilusões ("racionalizações") para tomar consciência da realidade inconsciente. (Último dos pensadores do Iluminismo, Freud pode ser considerado um pensador revolucionário nos termos da filosofia iluminista do século 18, mas não em termos do século 20.)

Todos esses pensadores estavam preocupados com a salvação humana; todos eles criticavam os padrões de pensamento socialmente aceitos. Para eles, o objetivo do conhecimento não é a certeza da "verdade absoluta", algo com que se possa sentir segurança, mas *o processo de autoafirmação da razão humana*. A ignorância, para aquele e aquela que *conhecem*, é tão boa quanto o conhecimento, pois ambos fazem parte do processo de conhecer, embora a ignorância desse tipo seja diferente da ignorância dos que não pensam. O conhecimento ideal no modo do ser é *conhecer mais profundamente*. No modo do ter é *ter mais conhecimento*.

Nossa educação geralmente tenta treinar as pessoas para *terem* o conhecimento como uma posse, em geral proporcional à quantidade de propriedade ou prestígio social que provavelmente terão mais tarde na vida. O mínimo que elas recebem é a quantia de que precisarão para funcionar adequadamente em seu trabalho. Além disso, cada uma recebe um "pacote de conhecimento de luxo" para aumentar o seu sentimento de valor, sendo que o tamanho de cada pacote está de acordo com o provável prestígio social da pessoa. As escolas são as fábricas nas quais esses pacotes globais de conhecimento são produzidos – embora as escolas geralmente afirmem que pretendem pôr os alunos em contato com as mais elevadas realizações da mente humana. Muitas faculdades são particularmente hábeis em nutrir essas ilusões. Do pensamento e da arte indianos ao existencialismo e ao surrealismo, é oferecida uma vasta miscelânea de conhecimento, da qual os estudantes escolhem um pouco aqui, um pouco ali, e, em nome da espontaneidade e da liberdade, não são instados a se concentrar em um assunto, nem mesmo a alguma vez terminar de ler um livro inteiro. (A crítica radical de Ivan Illich ao sistema escolar traz à tona muitas de suas falhas.)

Fé

Num sentido religioso, político ou pessoal, o conceito de fé pode ter dois significados completamente diferentes, dependendo se é usado no modo do ter ou no modo do ser.

No modo do ter, a fé é a posse de uma resposta para a qual não se tem prova racional. Consiste em formulações criadas por outros, que aceitamos por nos submetermos a eles – geralmente parte de uma burocracia. Isso acarreta uma sensação de certeza devido ao poder real (ou apenas imaginado) da burocracia. É o bilhete de entrada para se juntar a um grande grupo de pessoas, o que alivia a difícil tarefa de pensar por si mesmo e tomar decisões. Nos tornamos um dos *beati possidentes*, os felizes donos da fé correta. A fé, no modo do ter, dá certeza; ela reivindica um conhecimento definitivo e inabalável, algo que se torna crível porque o poder daqueles que promulgam e protegem a fé parece inabalável. Na verdade, quem não escolheria a certeza, se tudo o que ela exige é renunciar à independência?

Deus, originalmente um símbolo do valor mais elevado que podemos experimentar dentro de nós, se torna, no modo do ter, um ídolo. No conceito profético, um ídolo é uma *coisa* que nós mesmos fazemos e na qual projetamos nossos próprios poderes, empobrecendo-nos no processo. Nós então nos submetemos à nossa criação, e através da nossa submissão ficamos em contato conosco mesmos de uma forma alienada. Embora eu possa *ter* o ídolo por ele ser uma coisa, pela minha submissão a ele, *ele*, simultaneamente, *me* possui. Uma vez que Ele se tornou um ídolo, as supostas qualidades de Deus têm tão pouco a ver com a minha experiência pessoal quanto as doutrinas políticas alienadas. O ídolo pode ser louvado como Senhor da Misericórdia, mas qualquer crueldade pode ser cometida em seu nome, assim como a fé alienada na solidariedade humana pode nem sequer levantar dúvidas sobre a prática dos atos mais desumanos. A fé, no modo do ter, é uma muleta para quem quer ter certeza, para quem quer uma resposta para a vida sem ousar procurá-la sozinho.

No modo do ser, a fé é um fenômeno totalmente diferente. Podemos viver sem fé? Não deve o bebê ter fé no seio da mãe? Não devemos todos ter fé nos outros seres, naqueles que amamos e em nós mesmos? Podemos viver sem fé na validade das normas para a nossa vida? Na verdade, sem fé nós nos tornamos estéreis, sem esperança, com medo até o âmago do nosso ser.

A fé, no modo do ser, não é, em primeiro lugar, uma crença em certas ideias (embora possa ser isso também), mas uma orientação interior, uma *atitude*. Seria melhor dizer que se *está* na fé do que que se *tem* fé. (A distinção teológica entre fé que *é* crença [*fides quae creditur*] e fé *como* crença [*fides qua creditur*] reflete uma distinção semelhante entre o *conteúdo* da fé e o *ato* da fé.) Alguém pode estar em fé em relação a si mesmo e em relação aos outros, e a pessoa religiosa pode estar em fé em relação a Deus. O Deus do Antigo Testamento é, antes de tudo, uma negação dos ídolos, dos deuses que se pode *ter*. Embora concebido em analogia a um rei oriental, o conceito de Deus é transcendido desde o início. Deus não deve ter um nome; nenhuma imagem deve ser feita de Deus.

Mais tarde, no desenvolvimento judaico e cristão, tenta-se alcançar a completa desidolatrização de Deus, ou melhor, combater o perigo da idolatria postulando que nem mesmo as qualidades de Deus podem ser declaradas. Ou, mais radicalmente, no misticismo cristão – de (Pseudo-)Dionísio Areopagita ao autor desconhecido de *A nuvem do não saber* e ao Mestre Eckhart – o conceito de Deus tende a ser o do Um, a "Divindade" (a Não Coisa), unindo assim as opiniões expressas nos Vedas e no pensamento neoplatônico. Essa fé em Deus é atestada pela experiência interior das qualidades divinas em si mesmo; é um processo contínuo e ativo de autocriação – ou, como diz o Mestre Eckhart, do nascimento eterno de Cristo dentro de nós.

A minha fé em mim mesmo, no outro, na humanidade, na nossa capacidade de nos tornarmos plenamente humanos também implica certeza, mas certeza baseada na minha própria experiência e não na minha submissão a uma autoridade que dita uma determinada crença. É a certeza de uma verdade que não pode ser provada por evidências racionalmente convincentes, mas da qual tenho certeza devido à minha evidência experimental e subjetiva. (A palavra hebraica para fé é *emunah*, "certeza"; *amen* significa "certamente".)

Se estou certo da integridade de um homem, eu não poderia provar a sua integridade até o último dia; estritamente falando, se a sua integridade permanece inviolada até o momento da sua morte, mesmo isso não excluiria um ponto de vista positivista de que ele poderia tê-la violado se tivesse vivido mais tempo. Minha certeza repousa no conhecimento profundo que tenho do outro e da minha própria experiência de amor e integridade. Esse tipo de conhecimento só é possível na medida em que posso abandonar o meu próprio ego e enxergar o outro homem na talidade[11] *dele*, reconhecer nele a estrutura de forças, vê-lo na sua individualidade e, ao mesmo tempo, na sua humanidade universal. Então sei o que o outro pode fazer, o que não pode fazer e o que não fará. É claro que não quero dizer com isso que eu poderia prever todo o seu comportamento futuro, mas apenas as linhas gerais de comportamento que estão enraizadas em traços básicos de caráter, como integridade, responsabilidade etc. (Ver o capítulo sobre "A fé como traço de caráter" em *Análise do homem*.)

Essa fé se baseia em fatos; portanto, é racional. Mas os fatos não são reconhecíveis ou "comprováveis" pelo método da psicologia convencional e positivista; eu, a pessoa viva, sou o único instrumento que pode "registrá-los".

Amar

Amar também tem dois significados, dependendo se é falado no modo do ter ou no modo do ser.

---

11 Em inglês, *suchness*, a qualidade definidora da essência do ente/ser. [N.E.]

É possível *ter* amor? Se pudéssemos, o amor precisaria ser uma coisa, uma substância que alguém pudesse ter, dominar, possuir. A verdade é que não existe o "amor". "Amor" é uma abstração, talvez uma deusa ou um ser estranho, embora ninguém nunca tenha visto essa deusa. Na realidade, existe apenas o *ato de amar*. Amar é uma atividade produtiva. Implica cuidar, conhecer, responder, afirmar, desfrutar: a pessoa, a árvore, a pintura, a ideia. Significa trazer à vida, aumentando sua vivacidade. É um processo que se autorrenova e se autoaumenta.

Quando o amor é vivenciado no modo do ter, implica confinar, aprisionar ou controlar o objeto que se "ama". É algo estrangulador, anulador, sufocante, matador, não vivificante. O que as pessoas *chamam* de amor é principalmente um mau uso da palavra para esconder a realidade do seu não amor. Quantos pais amam seus filhos ainda é uma questão totalmente em aberto. Lloyd de Mause destacou que, nos últimos dois milênios da história ocidental, houve relatos de crueldade contra crianças, que vão desde tortura física até psíquica, descuido, pura possessividade e sadismo, tão chocantes que é preciso acreditar que pais amorosos são a exceção, e não a regra.

O mesmo pode ser dito dos casamentos. Quer o seu casamento seja baseado no amor ou, como os casamentos tradicionais do passado, na conveniência e nos costumes sociais, o casal que se ama verdadeiramente parece ser a exceção. O que é conveniência social, costume, interesse econômico mútuo, interesse partilhado pelos filhos, dependência mútua, ou ódio ou medo mútuo é conscientemente vivenciado como "amor" – até o momento em que um ou ambos os parceiros reconhecem que não amam e nunca amaram um ao outro. Hoje podemos notar alguns progressos nesse aspecto: as pessoas se tornaram mais realistas e sóbrias, e muitas já não sentem que ter atração sexual significa amar, ou que uma relação amigável, embora distante, como uma equipe, é uma manifestação de amor. Essa nova perspectiva proporcionou maior sinceridade – bem como trocas mais frequentes de parceiros. Ela não necessariamente levou a uma maior frequência de amor, e os novos parceiros podem amar tão pouco quanto os antigos.

A mudança de "cair de amores" para a ilusão de "ter" amor pode muitas vezes ser observada em detalhes concretos na história de casais que "se apaixonaram". (Em *A arte de amar*, eu frisei que a palavra "cair" na expressão "cair de amores" é uma contradição em si. Dado que amar é uma atividade produtiva, só se pode *erguer-se* de amor ou avançar no amor; não dá para "cair de amores", pois isso denota passividade.)

Durante o namoro, nenhuma das pessoas ainda tem certeza da outra, mas cada uma tenta conquistar a outra. Ambas estão vivas, são atraentes, interessantes e até belas – na medida em que a vivacidade sempre torna um rosto bonito. Nenhum *tem* o outro ainda; portanto, a energia de cada um é direcionada para *ser*, ou seja, para se doar e estimular o outro. É muito comum que, com o ato do casamento, a situação mude completamente. O contrato de casamento dá a cada parceiro a posse exclusiva do corpo, dos sentimentos e dos cuidados do outro. Ninguém precisa mais ser conquistado, porque o amor se tornou algo que se *tem*, uma propriedade. Os dois deixam de se esforçar para serem amáveis e para produzir amor, tornando-se, portanto, enfadonhos, e assim a beleza desaparece. Eles estão desapontados e perplexos. Não são mais as mesmas pessoas? Cometeram um erro desde o princípio? Cada um geralmente busca a causa da mudança no outro e se sente defraudado. O que eles não enxergam é que não são mais as mesmas pessoas que eram quando estavam apaixonados; que o engano de que se pode *ter* amor os levou a deixar de amar. Agora, em vez de se amarem, eles se contentam em possuir juntos o que têm: dinheiro, posição social, um lar, filhos. Assim, em alguns casos, o casamento iniciado com base no amor se transforma numa propriedade amigável, numa corporação em que os dois egoísmos se unem num só: o da "família".

Quando um casal não consegue superar o anseio pela renovação do sentimento anterior de amar, um ou outro do casal pode ter a ilusão de que um novo parceiro (ou parceiros) vai satisfazer seu anseio. Eles sentem que tudo o que desejam é amor. Mas o amor para eles não é uma expressão do seu ser; é uma deusa a quem eles querem se submeter. Eles necessariamente falham em seu amor porque "o amor é filho da liberdade" (como diz uma antiga canção francesa), e o adorador da deusa do amor acaba ficando tão passivo que se torna chato e perde tudo o que resta de sua antiga atratividade.

Essa descrição não pretende implicar que o casamento não possa ser a melhor solução para duas pessoas que se amam. A dificuldade não reside no casamento, mas na estrutura existencial e possessiva de ambos os parceiros e, em última análise, da sua sociedade. Os defensores de formas modernas de vida conjunta, como o casamento em grupo, a mudança de parceiros, o sexo em grupo etc., tentam, tanto quanto posso ver, apenas evitar o problema das suas dificuldades em amar, curando o tédio com estímulos sempre novos e por querer *ter* mais "amantes", em vez de se capacitar para amar ao menos um. (Veja a discussão sobre a distinção entre estímulos "ativadores" e "passivadores" no Capítulo 10 de *Anatomia da destrutividade humana*.)

3. Ter e ser no Antigo e no Novo Testamento e nos Escritos do Mestre Eckhart

O Antigo Testamento

Um dos principais temas do Antigo Testamento é: deixe para trás o que você tem; liberte-se de todos os grilhões; *seja!*

A história das tribos hebraicas começa com a ordem ao primeiro herói hebreu, *Abraão*, para abandonar seu país e seu clã: "Saia da sua terra, do meio dos seus parentes e da casa de seu pai, e vá para a terra que eu lhe mostrarei" (Gênesis 12:1). Abraão deve deixar o que tem – terra e família – e ir para o desconhecido. Mas seus descendentes se estabelecem num novo solo, e um novo clã se desenvolve. Esse processo leva a uma escravidão mais severa. Precisamente porque se tornaram ricos e poderosos no Egito, tornam-se escravos; perdem a visão do Deus único, o Deus dos seus antepassados nômades, e adoram ídolos, os deuses dos ricos que mais tarde se transformarão nos seus senhores.

O segundo herói é *Moisés*. Ele é encarregado por Deus de libertar seu povo, de conduzi-lo para fora do país que se tornou seu lar (mesmo que, a partir de certo momento, seja um lar de escravos) e de ir para o deserto "para celebrar". Com relutância e grande má vontade, os hebreus e hebreias seguem seu líder Moisés em direção ao deserto.

O deserto é o símbolo-chave dessa libertação. O deserto não é lar: não tem cidades; não tem riquezas; é o lugar dos nômades que possuem aquilo de que precisam, e o que eles precisam são as necessidades da vida, não os bens. Historicamente, as tradições nômades estão entrelaçadas no relato do Êxodo, e pode muito bem ser que essas tradições nômades tenham determinado a tendência contra todas as posses não funcionais e a escolha da vida no deserto como preparação para a vida de liberdade. Mas esses fatores históricos apenas reforçam o significado do deserto como símbolo da vida livre e sem posses. Alguns dos principais símbolos das festas judaicas têm origem na ligação com o deserto. O *pão ázimo* é o pão de quem tem pressa de partir; é o pão dos andarilhos. O *suka* ("tabernáculo") é a casa do andarilho: o equivalente à tenda, facilmente construída e facilmente desmontada. Conforme definido no Talmud, é "a abóbada transitória", onde se vive, em vez da "abóbada fixa", que se possui.

Os hebreus anseiam pelas panelas de carne do Egito; pelas casas fixas, pela alimentação pobre, mas garantida; pelos ídolos visíveis. Eles temem a incerteza da vida sem posses do deserto. Dizem: "Quem dera a mão do Senhor nos tivesse matado no Egito! Lá nos sentávamos ao redor das panelas de carne e comíamos pão à vontade, mas vocês nos trouxeram a este deserto para fazer morrer de fome toda esta multidão!" (Êxodo 16:3). Deus, como em toda a história da libertação, responde à fragilidade moral do povo. Ele promete alimentá-los: de manhã com "pão", à noite com codornas. E Ele acrescenta duas injunções importantes: cada pessoa deve pegar alimentos de acordo com as suas necessidades: "Os israelitas fizeram como lhes fora dito; alguns recolheram mais, outros menos. Quando mediram com o jarro, quem tinha recolhido muito não teve demais, e não faltou a quem tinha recolhido pouco. Cada um recolheu tanto quanto precisava" (Êxodo 16:17-18).

Formula-se aqui, pela primeira vez, um princípio que se tornou famoso através de Marx: a cada um segundo as suas necessidades. O direito de ser alimentado foi estabelecido sem qualificação. Deus é aqui a mãe nutridora que alimenta seus filhos e filhas, que não precisam merecer nada para estabelecer seu direito de serem alimentados. A segunda injunção é contra o acúmulo, a ganância e a possessividade. O povo de Israel foi instruído a não guardar nada até a manhã seguinte. "Todavia, alguns deles não deram atenção a Moisés e guardaram um pouco até a manhã seguinte, mas aquilo criou bicho e começou a cheirar mal. Por isso Moisés irou-se contra eles. Cada manhã todos recolhiam o quanto precisavam, pois quando o sol esquentava, aquilo se derretia" (Êxodo 16:20-21).

Em conexão com a coleta de alimentos, é introduzido o conceito de observação do *Shabat*. Moisés diz aos hebreus para coletarem o dobro da quantidade habitual de comida na sexta-feira: "Durante seis dias, vocês podem recolhê-lo, mas, no sétimo dia, o sábado, nada acharão" (Gênesis 16:26).

O Shabat é o mais importante dos conceitos bíblicos e, mais tarde, do judaísmo. É o único mandamento estritamente religioso entre os Dez Mandamentos: mesmo profetas antirritualistas insistem em sua observação; foi um mandamento rigorosamente observado ao longo de dois mil anos de vida na Diáspora, quando a sua observância muitas vezes foi dura e difícil. Dificilmente se pode duvidar de que o Shabat foi a fonte de vida para os judeus, que, dispersos, impotentes e muitas vezes desprezados e perseguidos, renovaram o seu orgulho e dignidade quando, como reis, celebraram o Shabat. Será o Shabat nada mais do que um dia de descanso, no sentido mundano de libertar as pessoas, pelo menos um dia, do fardo do trabalho? Certamente é isso, e essa função lhe confere a dignidade de uma das grandes inovações na evolução humana. No entanto, se fosse apenas isso, o Shabat dificilmente teria desempenhado o papel central que acabei de descrever.

Para compreender esse papel, devemos penetrar no âmago da instituição do Shabat. Não é descanso *per se*, no sentido de não fazer esforço, seja físico ou mental. É descanso no sentido do restabelecimento da harmonia completa entre os seres humanos e entre eles e a natureza. Nada deve ser destruído e nada deve ser construído: o Shabat é um dia de trégua na batalha humana com o mundo. Nem devem ocorrer mudanças sociais. Até mesmo arrancar uma folha de grama é visto como uma violação dessa harmonia, assim como acender um fósforo. É por essa razão que é proibido carregar qualquer coisa na rua (mesmo que tenha apenas o peso de um lenço), enquanto é permitido levar uma carga pesada no jardim. A questão é que não se proíbe o esforço de levar uma carga, mas a transferência de qualquer objeto de um terreno de propriedade privada para outro, porque tal transferência constituía, originalmente, uma transferência de propriedade. No Shabat a pessoa vive como se não *tivesse* nada, não perseguindo nenhum objetivo exceto *ser*, isto é, expressar seus poderes essenciais: orar, estudar, comer, beber, cantar, fazer amor.

O Shabat é um dia de alegria porque nesse dia a pessoa é plenamente ela mesma. Essa é a razão pela qual o Talmud chama o Shabat de antecipação do Tempo Messiânico, e o Tempo Messiânico de Shabat sem fim: o dia em que são tabus a propriedade e o dinheiro, bem como o luto e a tristeza; um dia em que o tempo é derrotado e o ser puro impera.

O antecessor histórico, o babilônico Shapatu, era um dia de tristeza e medo. O domingo moderno é um dia de diversão, consumo e fuga de si mesmo. Poderíamos perguntar se não é hora de restabelecer o Shabat como um dia universal de harmonia e paz, como o dia humano que antecipa o futuro humano.

A visão do Tempo Messiânico é outra contribuição especificamente judaica para a cultura mundial, e essencialmente idêntica à do Shabat. Essa visão, tal como o Shabat, era a esperança que sustentava a vida dos judeus, nunca abandonada, apesar das severas desilusões que vieram com os falsos messias, desde Bar Kochba, no século 2, até os nossos dias. Tal como o Shabat, é a visão de um período histórico em que a posse terá perdido o sentido, o medo e a guerra terão se extinguido e a expressão dos nossos poderes essenciais terá se tornado o objetivo da vida.[12]

A história do Êxodo caminha para um fim trágico. Os hebreus não suportam viver sem *ter*. Embora possam viver sem uma abóbada fixa e sem comida, exceto aquela enviada por Deus todos os dias, eles não podem viver sem um "líder" visível e presente.

Assim, quando Moisés desaparece na montanha, os desesperados hebreus pedem a Arão que lhes faça uma manifestação visível de algo que possam adorar: o Bezerro de Ouro. Aqui, pode-se dizer, pagam pelo erro de Deus ao permitir-lhes levar seu ouro e joias do Egito. Com o ouro, carregavam dentro de si o desejo de riqueza; e quando chegou a hora do desespero, a estrutura possessiva da sua existência reafirmou-se. Arão faz para eles um bezerro com o ouro deles, e o povo diz: "Eis aí os seus deuses, ó Israel, que tiraram vocês do Egito!" (Êxodo 32:4).

---

12 Eu analisei o conceito de Tempo Messiânico em *You Shall Be as Gods* [Sereis como deuses]. O Shabat é também discutido nesse livro mais antigo, bem como no capítulo "O ritual do Shabat" em *A linguagem esquecida*.

Uma geração inteira morreu e nem mesmo Moisés foi autorizado a entrar na nova terra. Mas, tanto quanto seus pais, a nova geração era pouco capaz de ser livre e de viver numa terra sem estar vinculada a ela. Eles conquistam novas terras, exterminam seus inimigos, estabelecem-se em seu solo e adoram seus ídolos. Transformam a sua vida tribal democrática na do despotismo oriental – pequeno, na verdade, mas não menos ansioso por imitar as grandes potências da época. A revolução falhou; sua única conquista foi, se é que houve alguma, que os hebreus eram agora senhores e não escravos. Eles talvez nem mesmo fossem lembrados hoje, exceto como uma nota de rodapé erudita na história do Oriente Próximo, se a nova mensagem não tivesse encontrado expressão através de pensadores revolucionários e visionários que não foram contaminados, como o fora Moisés, pelo fardo da liderança e especificamente pela necessidade de utilizar métodos de poder ditatorial (por exemplo, a destruição em massa dos rebeldes sob Korach).

Esses pensadores revolucionários, os profetas hebreus, renovaram a visão da liberdade humana – estar livre das coisas – e o protesto contra a submissão aos ídolos – obra das próprias mãos do povo. Eles foram intransigentes e previram que as pessoas teriam de ser novamente expulsas da terra se se tornassem incestuosamente fixadas nela e incapazes de viver nela como pessoas livres – isto é, incapazes de amá-la sem se perderem nela. Para os profetas, a expulsão da terra era uma tragédia, mas o único caminho para a libertação final; o novo deserto não duraria uma, mas muitas gerações. Mesmo enquanto previam o novo deserto, os profetas sustentavam a fé dos judeus e, por fim, de toda a raça humana, através da visão messiânica que prometia paz e abundância sem exigir a expulsão ou o extermínio dos antigos habitantes de uma terra.

Os verdadeiros sucessores dos profetas hebreus foram os grandes estudiosos, os rabinos, e ninguém mais claramente do que o fundador da Diáspora: Rabino Yochanan ben Zakai. Quando os líderes da guerra contra os romanos (70 d.C.) decidiram que era melhor que todos morressem do que serem derrotados e perderem o seu Estado, o Rabino Zakai cometeu uma "traição". Ele deixou secretamente Jerusalém, rendeu-se ao general romano e pediu permissão para fundar uma universidade judaica. Foi o início de uma rica tradição judaica e, ao mesmo tempo, da perda de tudo o que os judeus *tinham*: seu Estado, seu Templo, sua burocracia sacerdotal e militar, seus animais de sacrifício e seus rituais. Tudo se perdeu, e eles, enquanto grupo, ficaram sem nada, exceto o ideal de ser: conhecer, aprender, pensar e esperar pelo Messias.

O Novo Testamento

O Novo Testamento continua o protesto do Antigo Testamento contra a estrutura da existência no modo do ter. O seu protesto é ainda mais radical do que o protesto judaico anterior. O Antigo Testamento não foi produto de uma classe pobre e oprimida, tendo surgido de nômades proprietários de ovelhas e de camponeses independentes. Um milênio depois, os fariseus, homens eruditos cujo produto literário foi o Talmud, representavam a classe média, variando de alguns membros muito pobres a alguns membros muito prósperos. Ambos os grupos estavam imbuídos do espírito de justiça social, da proteção dos pobres e da assistência a todos os que eram impotentes, como as viúvas e as minorias nacionais (os *gerim*). Mas, no geral, eles não condenaram a riqueza como má ou incompatível com o princípio do ser. (Veja *The Pharisees* [Os fariseus], livro de Louis Finkelstein.)

Os primeiros cristãos, pelo contrário, eram principalmente um grupo de pobres socialmente desprezados, de oprimidos e marginalizados que –

como alguns dos profetas do Antigo Testamento – fustigavam os ricos e poderosos, denunciando sem rodeios a riqueza e os poderes secular e sacerdotal como males absolutos (ver *O dogma de Cristo*). De fato, como disse Max Weber, o Sermão da Montanha foi o discurso de uma grande rebelião de escravos. O estado de espírito dos primeiros cristãos era de plena solidariedade humana, por vezes expressa na ideia de uma partilha comunitária espontânea de todos os bens materiais. (A. F. Utz discute a propriedade comunal dos primeiros cristãos, além de exemplos gregos anteriores provavelmente conhecidos por Lucas.)

Esse espírito revolucionário do cristianismo primitivo aparece com especial clareza nas partes mais antigas dos evangelhos, tal como eram conhecidos pelas comunidades cristãs que ainda não tinham se separado do judaísmo. (Essas partes mais antigas dos evangelhos podem ser reconstruídas a partir da fonte comum de Mateus e Lucas, e são chamadas de "Q" [do alemão *Quelle*, "fonte"] por especialistas na história do Novo Testamento. A obra fundamental desse campo é de Siegfried Schulz, que diferencia entre uma tradição mais antiga e uma mais jovem de "Q".)[13]

Nesses ditos encontramos como postulado central que as pessoas devem se libertar de toda a ganância e desejo de posse e devem se livrar totalmente da estrutura do ter e, inversamente, que todas as normas éticas positivas estão enraizadas numa ética de ser, compartilhar e solidarizar. Essa posição ética básica se aplica tanto às relações de alguém com os outros como às relações de alguém com as coisas. A renúncia radical dos próprios direitos (Mateus 5:39-42; Lucas 6:29), bem como a ordem de amar o inimigo (Mateus 5:44-48; Lucas 6:27, 32-36) enfatiza, ainda mais radicalmente do que o "amai ao próximo" do Antigo Testamento, a preocupação total com os outros seres humanos e a renúncia completa

---

13 Estou em dívida com Rainer Funk por suas informações minuciosas sobre esse campo e por suas sugestões frutíferas.

de todo egoísmo. A norma de nem mesmo julgar os outros (Mateus 7:1-5; Lucas 6:37 ss., 41 ss.) é mais uma extensão do princípio de esquecer o próprio ego e ser totalmente devotado à compreensão e ao bem-estar do outro.

Também no que diz respeito às coisas, exige-se renúncia total à estrutura do ter. A comunidade mais antiga insistia na renúncia radical à propriedade; ela adverte contra a acumulação de riquezas: "Não acumulem para vocês tesouros na terra, onde a traça e a ferrugem destroem, e onde os ladrões arrombam e furtam. Mas acumulem para vocês tesouros no céu, onde a traça e a ferrugem não destroem, e onde os ladrões não arrombam nem furtam. Pois onde estiver o seu tesouro, aí também estará o seu coração" (Mateus 6:19-21; Lucas 12:33 ss.). É com o mesmo espírito que Jesus diz: "Bem-aventurados vocês os pobres, pois a vocês pertence o Reino de Deus" (Lucas 6:20; Mateus 5:3). De fato, o cristianismo primitivo era uma comunidade de pessoas pobres e sofredoras, cheia da convicção apocalíptica de que, de acordo com o plano de salvação de Deus, tinha chegado o momento do desaparecimento final da ordem existente.

O conceito apocalíptico do "Juízo Final" era uma versão da ideia messiânica, corrente nos círculos judaicos da época. A salvação e o julgamento finais seriam precedidos por um período de caos e destruição, um período tão terrível que encontramos rabinos talmúdicos pedindo a Deus que os poupasse de viver no tempo pré-messiânico. O que havia de novo no cristianismo era que Jesus e os seus seguidores acreditavam que o Tempo era *agora* (ou num futuro próximo) e que já tinha começado com o aparecimento de Jesus.

Na verdade, não se pode deixar de associar a situação dos primeiros cristãos com o que acontece no mundo hoje. Não são poucas as pessoas, cientistas, e não religiosos, (com a exceção das Testemunhas de Jeová), que acreditam que podemos estar nos aproximando da catástrofe final do mundo. Trata-se de uma visão racional e cientificamente defensável. A situação dos primeiros cristãos era bem diferente. Eles viveram numa pequena parte do Império Romano, no auge do seu poder e glória. Não havia sinais alarmantes de catástrofe. No entanto, esse pequeno grupo de judeus palestinos pobres carregava a convicção de que este mundo poderoso entraria em colapso em breve. Realisticamente, com certeza, eles estavam enganados; como resultado do fracasso do reaparecimento de Jesus, a morte e ressurreição de Jesus são interpretadas nos evangelhos como constituindo o início do novo éon, e depois de Constantino foi feita uma tentativa de transferir o papel mediador de Jesus para a Igreja papal. Por fim, para todos os efeitos práticos, a Igreja se tornou a substituta – de fato, embora não em teoria – para a nova era.

É preciso levar o cristianismo primitivo mais a sério do que a maioria das pessoas o faz para ficarmos impressionados com o radicalismo quase inacreditável desse pequeno grupo de pessoas, que proferiu um veredito sobre o mundo existente *apenas com base* na sua convicção moral. A maioria dos judeus, por sua vez, não pertencendo exclusivamente à parte mais pobre e oprimida da população, escolheu outro caminho. Recusaram-se a acreditar que uma nova era tinha começado e continuaram a esperar pelo Messias, que viria quando a humanidade (e não apenas os judeus) tivesse alcançado o ponto em que o reino da justiça, da paz e do amor pudesse ser estabelecido num contexto histórico, em vez de em um sentido escatológico.

A fonte "Q" mais nova tem sua origem em um estágio posterior de desenvolvimento do cristianismo primitivo. Também aqui encontramos o mesmo princípio, e a história da tentação de Jesus por Satanás expressa-o de uma forma muito sucinta. Nessa história, condenam o desejo de ter coisas e o desejo de poder e outras manifestações da estrutura do ter.

À primeira tentação – a de transformar pedras em pão, expressando simbolicamente o desejo de coisas materiais – Jesus responde: "Nem só de pão viverá o homem, mas de toda palavra que procede da boca de Deus" (Mateus 4:4; Lucas 4:4). Satanás tenta Jesus então com a promessa de dar-lhe poder completo sobre a natureza (mudando a lei da gravidade) e, por fim, com poder irrestrito, domínio sobre todos os reinos da terra, e Jesus declina (Mateus 4:5-10; Lucas 4:5-12). (Rainer Funk chamou minha atenção para o fato de que a tentação ocorre no deserto, retomando assim o tema do Êxodo.)

Jesus e Satanás aparecem aqui como representantes de dois princípios opostos. Satanás é o representante do consumo material e do poder sobre a natureza e o homem. Jesus é o representante do ser e da ideia de que o não ter é a premissa do ser. O mundo tem seguido os princípios de Satanás desde a época dos evangelhos. No entanto, mesmo a vitória desses princípios não conseguiu destruir o anseio pela realização plena do ser, expresso por Jesus, bem como por muitos outros grandes Mestres que viveram antes e depois dele.

O rigor ético da rejeição da orientação do ter em prol da orientação do ser também pode ser encontrado nas ordens comunais judaicas, como os essênios e a ordem na qual se originaram os manuscritos do Mar Morto. Ao longo da história do cristianismo, ele continua nas ordens religiosas baseadas no voto de pobreza e na ausência de posses.

Outra manifestação dos conceitos radicais do cristianismo primitivo pode ser encontrada – em vários graus – nos escritos dos Pais da Igreja, que nesse aspecto também são influenciados pelo pensamento filosófico grego sobre o tema da propriedade privada *versus* propriedade comum. O espaço não me permite discutir detalhadamente esses ensinamentos, e muito menos a literatura teológica e sociológica sobre o assunto.[14]

---

14 Ver as contribuições de A. F. Utz, O. Schilling, H. Schumacher e outros.

Embora existam algumas diferenças no grau de radicalismo e uma certa tendência para uma visão menos radical conforme a Igreja se tornava uma instituição poderosa, é inegável que os primeiros pensadores da Igreja partilhavam uma forte condenação do luxo e da avareza e um desprezo pela riqueza.

Justino escreve, em meados do século 2: "Nós, que outrora amávamos a riqueza [bens móveis] e a posse [terra] acima de tudo, agora transformamos aquilo que já temos em propriedade comum e a partilhamos com os necessitados". Na "Epístola a Diogneto" (também do século 2), há uma passagem muito interessante que nos lembra o pensamento do Antigo Testamento sobre a falta de moradia: "Qualquer país estrangeiro é sua pátria [dos cristãos] e toda pátria é estranha para eles". Tertuliano (século 3) considerava qualquer comércio o resultado da cupidez e nega a sua necessidade entre pessoas que estão livres da ganância. Ele declara que o comércio sempre traz consigo o perigo da idolatria. Considera a avareza a raiz de todo mal.[15]

Para Basílio, bem como para outros Pais da Igreja, o propósito de todos os bens materiais é servir as pessoas; característica dele é esta pergunta: "Aquele que tira a roupa de outro é chamado de ladrão; mas aquele que não veste os pobres, embora pudesse – merece outro nome?" (citado por Utz). Basílio enfatizou a comunhão original de bens e foi entendido por alguns autores como tendo representado tendências comunistas. Concluo este breve esboço com a advertência de Crisóstomo (século 4) de que bens supérfluos não devem ser produzidos ou consumidos. Ele diz: "Não diga que eu uso o que é meu: você usa o que lhe é alheio; o uso indulgente e egoísta torna o que é seu algo alheio; é por isso que o chamo de bem alheio, porque você o

---

15 As passagens citadas foram retiradas de Otto Schilling; ver também suas citações de K. Farner e T. Sommerlad.

usa com o coração endurecido e afirma que isso é certo, que só você vive do que é seu".

Eu poderia continuar por muitas páginas citando as opiniões dos Pais da Igreja de que a propriedade privada e o uso egoísta de qualquer posse são imorais. No entanto, mesmo as poucas citações anteriores indicam a continuidade da rejeição da orientação do ter, tal como a encontramos desde os tempos do Antigo Testamento, ao longo do cristianismo primitivo e nos séculos posteriores. Até mesmo Tomás de Aquino, lutando contra seitas abertamente comunistas, conclui que a instituição da propriedade privada só se justifica na medida em que melhor serve aos propósitos de satisfazer o bem-estar de todos.

O budismo clássico enfatiza ainda mais fortemente do que o Antigo e o Novo Testamento a importância central de abandonar o desejo por posses de qualquer tipo, incluindo o próprio ego, o conceito de uma substância duradoura, e até mesmo o desejo pela perfeição.[16]

Mestre Eckhart (1260-c. 1327)

Eckhart descreveu e analisou a diferença entre os modos de existência do ter e do ser com uma contundência e clareza não superadas por nenhum professor. Uma figura importante da Ordem Dominicana na Alemanha, Eckhart foi um teólogo erudito, o maior representante e o mais profundo e radical pensador do misticismo alemão. Sua enorme influência irradiava dos seus sermões em alemão, que afetaram não só

---

16 Para uma compreensão contundente do budismo, ver os escritos de Nyanaponika Mahatera, particularmente *The Heart of Buddhist Meditation and Pathways of Buddhist Thought: Essays from the Wheel* [O coração da meditação budista e caminhos do pensamento budista: ensaios desde a Roda].

os seus contemporâneos e discípulos, mas também os místicos alemães depois dele e, hoje, aqueles que procuram orientação autêntica para uma filosofia de vida não teísta, racional, mas ainda religiosa.

Minhas fontes para as citações de Eckhart que se seguem são a grande obra de Eckhart reunida por Joseph L. Quint, *Meister Eckhart, Die Deutschen Werke* [Mestre Eckhart, obras alemãs] (referido aqui como "Quint D. W."), seu *Meister Eckhart, Deutsche Predigten and Traktate* [Mestre Eckhart, sermões e tratados alemães] (referido como "Quint D. P. T."), e a tradução para o inglês de Raymond B. Blakney, *Meister Eckhart* [Mestre Eckhart] (referido aqui como "Blakney"). Deve-se notar que, embora as edições de Quint contenham apenas as passagens que ele considera terem sido provadas autênticas até agora, o texto de Blakney (traduzido da edição alemã da Pfeiffer) inclui escritos cuja autenticidade Quint ainda não reconheceu. O próprio Quint salientou, no entanto, que o seu reconhecimento de autenticidade é provisório, que muito provavelmente muitas das outras obras que foram atribuídas ao Mestre Eckhart também terão a autenticidade provada. Os números em itálico que aparecem junto às notas de referência se referem aos sermões de Eckhart conforme identificados nas três fontes.

O conceito de ter de Eckhart

A fonte clássica para as opiniões de Eckhart sobre o modo do ter é o seu sermão sobre a pobreza, baseado no texto de Mateus 5:3: "Bem-aventurados os pobres em espírito, pois deles é o Reino dos céus". Em seu sermão, Eckhart discute a questão: O que é pobreza espiritual? Ele começa por dizer que não fala de pobreza *externa*, de pobreza de coisas, embora essa pobreza seja boa e louvável. Ele quer falar da pobreza *interior*, da pobreza a que se refere o versículo evangélico, que ele define afirmando: "É um homem pobre aquele que *não quer* nada, *não sabe* nada e *não tem* nada" (Blakney, *28*; Quint D. W., *52*; Quint D. P. T., *32*).

Quem é a pessoa que *não quer* nada? Um homem ou uma mulher que tenha escolhido uma vida ascética seria a nossa resposta comum. Mas não é isso que Eckhart quer dizer, e ele repreende aqueles que entendem o não querer nada como um exercício de arrependimento e uma prática religiosa externa. Ele vê os adeptos desse conceito como pessoas que se apegam ao seu eu egoísta. "Essas pessoas têm a fama de serem santas com base nas aparências externas, mas por dentro são idiotas, já que não compreendem o verdadeiro significado da verdade divina" (minha tradução para o inglês do texto de Quint).

Isso porque Eckhart está preocupado com o tipo de "querer" também fundamental no pensamento budista; isto é, ganância, desejo por coisas e pelo próprio ego. O Buda considera que esse querer é a causa do sofrimento humano, e não do prazer. Quando Eckhart prossegue falando sobre não ter vontade, ele não quer dizer que devamos ser fracos. A vontade de que ele fala é idêntica ao desejo, uma vontade pela qual a pessoa é *movida* – isto é, no verdadeiro sentido, *não vontade*. Eckhart chega ao ponto de postular que não se deve sequer querer fazer a vontade de Deus – uma vez que isso também é uma forma de desejo. *A pessoa que não quer nada é a pessoa que não é ávida por nada*: essa é a essência do conceito de desapego de Eckhart.

Quem é a pessoa que *não sabe* nada? Será que Eckhart estabelece que se trata de alguém que é um ser ignorante e mudo, uma criatura sem instrução e sem cultura? Como poderia fazê-lo, quando o seu principal esforço era educar os incultos, e quando ele próprio era um homem que nunca tenta ou esconder ou minimizar sua grande erudição e conhecimento?

O conceito de Eckhart de *não saber nada* diz respeito à diferença entre *ter* conhecimento e o *ato* de *conhecer*, ou seja, penetrar nas raízes e, portanto, nas causas de algo. Eckhart distingue muito claramente entre um pensamento particular e o processo de pensar. Enfatizando que é melhor conhecer a Deus do que amá-Lo, ele escreve: "O amor tem a ver com desejo e propósito, ao passo que o conhecimento não é um pensamento particular, mas antes despe-se de tudo [de todas as coberturas], é desinteressado e corre nu para Deus, até que o toca e o agarra" (Blakney, fragmento *27*; não autenticado por Quint).

Mas em outro nível (e Eckhart fala em diversos níveis) Eckhart vai muito mais longe. Ele escreve:

> Mais uma vez, pobre é aquele que não sabe nada. Dissemos algumas vezes que o homem deveria viver como se não vivesse, nem para si mesmo, nem para a verdade, nem para Deus. Mas sobre esse ponto diremos outra coisa e iremos mais longe. O homem que alcançar essa pobreza viverá como um homem que nem sequer sabe que vive, nem para si, nem para a verdade, nem para deus. Mais: ele estará abandonado e vazio de todo conhecimento, de modo que nenhum conhecimento de deus exista nele; pois quando a existência de um homem é da espécie externa de Deus, não há outra vida nele: sua vida é ele mesmo. Portanto, dizemos que um homem deve estar vazio de seu próprio conhecimento como estava quando não existia, e deixar Deus realizar o que deseja e o homem ser irrestrito (Blakney, *28*; Quint D. W., *52*; Quint D. P. T., *32*; uma pequena parte é minha tradução do texto alemão de Quint).[17]

Para compreender a posição de Eckhart, é necessário compreender o verdadeiro significado dessas palavras. Quando ele diz que "um homem

---

17 Blakney usa um "G" maiúsculo para Deus quando Eckhart se refere à Divindade e um "g" minúsculo quando Eckhart se refere ao deus bíblico da criação.

deve estar vazio de seu próprio conhecimento", ele não quer dizer que se deva esquecer *o que* conhece, mas sim que se deve esquecer *que* conhece. Isso quer dizer que não devemos olhar para o nosso conhecimento como uma posse, na qual encontramos segurança e que nos dá um sentido de identidade; não deveríamos estar "cheios" de nosso conhecimento, ou apegar-nos a ele, ou desejá-lo. O conhecimento não deve assumir a qualidade de um dogma, o que nos escraviza. Tudo isso pertence ao modo do ter. No modo do ser, o conhecimento nada mais é do que a atividade contundente do pensamento – sem nunca se tornar um convite para ficar quieto a fim de encontrar a certeza. Eckhart continua:

> O que significa dizer que um homem não deveria *ter* nada?
> Agora prestem muita atenção a isto: tenho dito muitas vezes, e grandes autoridades concordam, que para ser uma morada adequada para Deus e apto para Deus agir, um homem também deve estar livre de todas as [suas] coisas e [suas próprias] ações, tanto interna quanto externamente. Agora diremos outra coisa. Se for o caso de um homem estar vazio de coisas, criaturas, de si mesmo e de deus, e se ainda Deus pudesse encontrar nele um lugar para agir, então dizemos: Enquanto esse [lugar] existir, esse homem não será pobre da pobreza mais íntima. Pois Deus não pretende que o homem tenha um lugar reservado para Deus trabalhar, uma vez que a verdadeira pobreza de espírito exige que o homem seja esvaziado de Deus e de todas as suas obras, de modo que se Deus quiser agir na alma, Ele mesmo deve ser o lugar onde atua – e isso Ele gostaria de fazer... Assim, dizemos que um homem deveria ser tão pobre que não seja e não tenha um lugar onde Deus possa agir, um lugar para manter distinções. *Assim, rogo a Deus que Ele me prive de deus* (Blakney, pp. 230-231).

Eckhart não poderia ter expressado o seu conceito de não ter de forma mais radical. Em primeiro lugar, devemos estar livres das nossas próprias coisas e das nossas próprias ações. Isso não significa que não devamos possuir nada nem fazer nada; significa que não devemos estar presos, amarrados, acorrentados ao que possuímos e ao que temos, nem mesmo a Deus.

Quando discute a relação entre posses e liberdade, Eckhart aborda os problemas do ter num outro nível. A liberdade humana é restringida na medida em que estamos vinculados às posses, às obras e, por último, ao nosso próprio ego. Estando presos ao nosso ego (Quint traduz o original do alemão médio *Eigenschaft* como *Ich-bindung* ou *Ichsucht*, "egolimitação" ou "egomania"), atravancamos nosso próprio caminho e somos impedidos de dar frutos, de nos realizarmos plenamente (Quint D. P. T., Introdução, p. 29). D. Mieth, em minha opinião, está inteiramente certo quando afirma que a liberdade como condição da verdadeira produtividade nada mais é do que desistir do ego, já que o amor no sentido paulino é livre de toda vinculação ao ego. A liberdade, no sentido de ser irrestrito, livre do desejo de se apegar às coisas e ao ego, é a condição para o amor e para o ser produtivo. Nosso objetivo humano, de acordo com Eckhart, é nos livrarmos dos grilhões da egolimitação e do egocentrismo, ou seja, do *modo de existência do ter*, a fim de chegar ao ser pleno. Não encontrei nenhum autor cujo pensamento sobre a natureza da orientação para o ter seja, em comparação ao de Eckhart, tão semelhante ao meu pensamento como os expressos por Mieth (1971). Ele fala da *Besitzstruktur des Menschen* ("a estrutura de propriedade do povo") da mesma forma, até onde posso ver, que falo do "modo do ter", ou da "estrutura da existência no modo do ter". Quando fala da ruptura da própria estrutura interna de propriedade, ele se refere ao conceito marxiano de "expropriação", acrescentando que se trata da forma mais radical de expropriação.

No modo de existência do ter, o que importa não são os vários *objetos* do ter, mas nossa atitude humana como um todo. Tudo e qualquer coisa pode se tornar objeto de desejo: coisas que usamos na vida diária, propriedades, rituais, boas ações, conhecimento e pensamentos. Embora não sejam "maus" em si mesmos, eles se tornam maus; isto é, quando nos agarramos a eles, quando eles se tornam correntes que interferem na nossa liberdade, bloqueando nossa autorrealização.

O conceito de ser de Eckhart

Eckhart usa "ser" em dois significados diferentes, embora relacionados. Num sentido psicológico mais restrito, ser denota as motivações reais e muitas vezes inconscientes que impulsionam os seres humanos, em contraste com as ações e opiniões como tais e separadas da pessoa que age e pensa. Com justiça, Quint afirma que Eckhart é um extraordinário analista da alma (*genialer Seelenanalytiker*): "Eckhart nunca se cansa de revelar os laços mais secretos do comportamento humano, a agitação mais oculta do egoísmo, das intenções e opiniões, de denunciar o anseio apaixonado por gratidão e recompensas" (Quint D. P. T., Introdução, p. 29; tradução minha para o inglês). Essa visão dos motivos ocultos torna Eckhart mais atraente para o leitor pós-freudiano, que superou a ingenuidade das visões behavioristas pré-freudianas e ainda atuais, que afirmam que o comportamento e a opinião são dois dados finais que podem ser tão pouco decompostos quanto se supunha, no início do século 20, ser o átomo. Eckhart expressou esta opinião em numerosas declarações, das quais é característica a seguinte: "As pessoas não deveriam considerar tanto o que devem *fazer* quanto o que *são*. [...] Portanto, tome cuidado para que sua ênfase esteja em ser bom, e não na quantidade ou tipo de coisas a serem feitas. Enfatize antes os fundamentos sobre os quais se baseia o seu trabalho". O nosso ser é a realidade, o espírito que nos move, o caráter que impulsiona nosso comportamento; em contraste, as ações ou opiniões que estão separadas do nosso núcleo dinâmico não têm realidade.

O segundo significado é mais amplo e fundamental: ser é vida, atividade, nascimento, renovação, efusão, fluir, produtividade. Nesse sentido, ser é o oposto de ter, da egolimitação e egoísmo. Ser, para Eckhart, significa estar ativo no sentido clássico da expressão produtiva dos poderes humanos, e não no sentido moderno de estar ocupado. Para ele, atividade significa "sair de si mesmo" (Quint D. P. T., 6; tradução minha), o que ele expressa em muitas imagens verbais: ele diz que ser é um processo de "fervura", de "dar à luz", algo que "flui sem parar em si mesmo e além de si mesmo" (E. Benz *et al.*, citado em Quint D. P. T., p. 35; tradução minha). Às vezes ele usa a corrida como um símbolo para indicar o personagem ativo: "Corra para a paz! O homem que está no estado de corrida, de corrida contínua para a paz, é um homem celestial. Ele corre e se move continuamente e busca a paz ao correr" (Quint D. P. T., 8; tradução minha). Outra definição de atividade é: o homem ativo e vivo é como um "vaso que cresce à medida que é preenchido e nunca estará cheio" (Blakney, p. 233; não autenticado por Quint).

Romper o modo do ter é a condição para toda atividade genuína. No sistema ético de Eckhart, a virtude suprema é o estado de atividade interior produtiva, cuja premissa é a superação de todas as formas de egolimitação e desejo.

Parte 2

Analisando as diferenças fundamentais entre os dois modos de existência

4. O que é o modo do ter?

A sociedade aquisitiva – base para o modo do ter

Como vivemos numa sociedade que se baseia na propriedade privada, no lucro e no poder como pilares de sua existência, nosso discernimento é extremamente tendencioso. Adquirir, possuir e obter lucro são direitos sagrados e inalienáveis do indivíduo na sociedade industrial. Não importam quais sejam as fontes da propriedade; nem a posse impõe quaisquer obrigações aos proprietários. O princípio é: "Onde e como a minha propriedade foi adquirida ou o que faço com ela não é da conta de ninguém, só da minha; desde que eu não viole a lei, meu direito é irrestrito e absoluto".

Esse tipo de propriedade pode ser chamado de propriedade *privada* (do latim *privare*, "privar de"), porque a pessoa ou pessoas que a possuem são as suas únicas senhoras, com plenos poderes para privar outros do seu uso ou gozo. Embora se suponha que a propriedade privada seja uma categoria natural e universal, ela na verdade é uma exceção, e não a regra, se considerarmos toda a história humana (incluindo a pré-história), e particularmente as culturas não europeias nas quais a economia não era a principal preocupação da vida. Além da propriedade privada, existem: a propriedade *autocriada*, exclusivamente resultado do próprio trabalho; a propriedade *restrita*, restringida pela obrigação de ajudar o próximo; a propriedade *funcional* ou *pessoal*, que consiste em ferramentas de trabalho ou em objetos de usufruto; a propriedade *comum*, que um grupo compartilha no espírito de um vínculo comum, como os kibutzim israelenses.

As normas pelas quais a sociedade funciona também moldam o caráter de seus membros (caráter social). Numa sociedade industrial, são estas: o desejo de adquirir propriedade, de mantê-la e aumentá-la, ou seja, de obter lucro, e aqueles que possuem propriedade são admirados e invejados como seres superiores. Mas a grande maioria das pessoas não tem nenhuma propriedade no sentido real de capital e bens de capital, e surge a questão intrigante: como podem essas pessoas satisfazer ou mesmo lidar com a sua paixão por adquirir e manter propriedade, ou como elas conseguem se sentir como proprietárias quando não têm nenhuma propriedade digna de menção?

É claro que a resposta óbvia é que mesmo as pessoas que são pobres em termos de bens possuem *alguma coisa* – e valorizam as suas pequenas posses tanto quanto os proprietários do capital valorizam a sua propriedade. E, tal como os grandes proprietários, os pobres estão obcecados pelo desejo de preservar o que têm e de aumentá-lo, mesmo que numa quantia infinitesimal (por exemplo, poupando um centavo aqui, dois ali).

Talvez o maior prazer não esteja tanto em possuir coisas materiais, mas em possuir seres vivos. Numa sociedade patriarcal, mesmo o mais miserável dos homens das classes mais pobres pode ser um proprietário – na sua relação com sua esposa, sua prole e seus animais, dos quais ele pode sentir que é o senhor absoluto. Pelo menos para o homem numa sociedade patriarcal, ter muitos filhos é a única forma de possuir pessoas sem necessidade de trabalhar para conseguir propriedades e sem investimento de capital. Considerando que todo o fardo da gravidez recai sobre a mulher, dificilmente se pode negar que a produção de filhos e filhas numa sociedade patriarcal é uma questão de exploração direta das mulheres. Por sua vez, porém, as mães têm uma forma de propriedade própria, a das crianças enquanto são pequenas. O círculo é interminável e vicioso: o marido explora a esposa, ela explora as crianças pequenas, e os adolescentes do sexo masculino logo se juntam aos homens mais velhos na exploração das mulheres, e assim por diante.

A hegemonia masculina numa ordem patriarcal durou cerca de seis ou sete milênios e ainda prevalece nos países mais pobres ou entre as classes mais pobres da sociedade. No entanto, está diminuindo lentamente nos países ou sociedades mais ricos – a emancipação das mulheres, crianças e adolescentes parece ocorrer quando e na medida em que o padrão de vida de uma sociedade aumenta. Com o lento colapso do antiquado tipo patriarcal de propriedade das pessoas, onde é que os cidadãos médios e os cidadãos mais pobres das sociedades industriais plenamente desenvolvidas encontrarão agora a realização da sua paixão por adquirir, manter e aumentar a propriedade? A resposta reside em alargar a área de propriedade para incluir amigos, amantes, saúde, viagens, objetos de arte, Deus, o próprio ego. Uma imagem brilhante da obsessão burguesa pela propriedade é fornecida por Max Stirner. As pessoas são transformadas em coisas; suas relações entre si assumem o caráter de propriedade. "Individualismo", que no seu sentido positivo significa libertação das cadeias sociais, significa, no sentido negativo, "autopropriedade", o direito – e o dever – de investir energia no sucesso de sua própria pessoa.

Nosso ego é o objeto mais importante do nosso sentimento de propriedade, pois ele abarca muitas coisas: nosso corpo, nosso nome, nosso *status* social, nossas posses (incluindo nosso conhecimento), a imagem que temos de nós mesmos e a imagem que queremos que os outros tenham de nós. Nosso ego é uma mistura de qualidades reais, como conhecimentos e habilidades, e de certas qualidades fictícias que construímos em torno de um núcleo de realidade. Mas o ponto essencial não é tanto qual é o conteúdo do ego, mas que o ego é sentido como uma coisa que cada um de nós possui, e que essa "coisa" é a base do nosso sentido de identidade.

Essa discussão deve ter em conta que uma importante forma de apego à propriedade que floresceu no século 19 tem diminuído nas décadas desde o fim da Primeira Guerra Mundial e é hoje pouco evidente. No período mais antigo, tudo o que se possuía era valorizado, cuidado e utilizado até os limites da sua utilidade. Comprar era "comprar para guardar", e um lema para o século 19 poderia muito bem ter sido: "Velho é bonito!". Hoje, enfatiza-se o consumo, não a preservação, e comprar se tornou "comprar para descartar". Quer o objeto de compra seja um carro, um vestido, um *gadget*, depois de usá-lo por algum tempo a pessoa se cansa e fica ansiosa para se desfazer do "velho" e comprar o modelo mais recente. Aquisição → posse e uso transitórios → jogar fora (ou, se possível, fazer uma troca lucrativa por um modelo melhor) → nova aquisição; assim se constitui o círculo vicioso da compra, e o lema de hoje poderia bem ser: "Novo é bonito!".

Talvez o exemplo mais marcante do fenômeno atual de compra seja o automóvel particular. A nossa época merece ser apelidada de "a era do automóvel", pois toda a nossa economia foi construída em torno da produção automobilística e toda a nossa vida é em grande medida determinada pela ascensão e queda do mercado consumidor de automóveis.

Para quem tem um, o carro parece uma necessidade vital; para aqueles que ainda não possuem um, especialmente as pessoas dos chamados Estados socialistas, um carro é um símbolo de alegria. Aparentemente, porém, o afeto pelo carro não é profundo e duradouro, mas um caso de amor de curta duração, pois os proprietários trocam de carro com frequência; depois de dois anos, mesmo depois de apenas um, o proprietário de um automóvel se cansa do "carro velho" e começa a procurar um "bom negócio" com um veículo novo. Da pesquisa à compra, toda a transação parece ser um jogo em que até mesmo a trapaça é às vezes um elemento primordial, e o "bom negócio" é apreciado tanto quanto, se não mais do que, o prêmio final: aquele modelo novo em folha na garagem.

Vários fatores devem ser levados em conta para resolver o enigma da contradição aparentemente flagrante entre a relação de propriedade entre os donos de automóveis e o seu interesse tão efêmero por eles. Primeiro, existe o elemento de despersonalização na relação do proprietário com o carro; o carro não é um objeto concreto de que seu dono goste, mas um símbolo de *status*, uma extensão de poder – um construtor de ego; tendo adquirido um carro, o proprietário adquiriu na verdade um novo pedaço de ego. Um segundo fator é que comprar um carro novo a cada dois anos, em vez de, digamos, a cada seis, aumenta a emoção da aquisição no comprador; o ato de transformar o carro novo em seu carro é uma espécie de defloramento – aumenta o senso de controle da pessoa e, quanto mais isso acontece, mais emocionada a pessoa fica. O terceiro fator é que a compra frequente de automóveis significa oportunidades frequentes para "fazer um acordo" – para obter lucro através da troca, uma satisfação profundamente enraizada nos homens e mulheres de hoje. O quarto fator é de grande importância: a necessidade de experimentar novos estímulos, porque os estímulos antigos ficam vazios e esgotados depois de pouco tempo. Numa discussão anterior sobre estímulos (*Anatomia da destrutividade humana*), diferenciei estímulos "ativadores" e "passivadores" e sugeri a seguinte formulação: "Quanto mais 'passivador' é um estímulo, mais frequentemente ele deve ser alterado em intensidade e/ou espécie; quanto mais 'ativador', mais tempo manterá sua qualidade estimulante e menos necessária será a mudança em intensidade e conteúdo". O quinto e mais importante fator reside na mudança no caráter social que ocorreu durante o último século e meio, ou seja, do caráter de "acumulação" para o caráter de "marketing". Embora a mudança não elimine a orientação ao ter, ela a modifica consideravelmente. (Esse desenvolvimento do caráter de marketing é discutido no Capítulo 7.)

O sentimento de propriedade também aparece em outros relacionamentos, por exemplo, com médicas, dentistas, advogados, chefes, trabalhadoras. As pessoas expressam isso ao falar de "*meu* médico", "*minha* dentista", "*meus* funcionários", e assim por diante. Mas, além da sua atitude de propriedade em relação aos outros seres humanos, as pessoas vivenciam como sua propriedade um número interminável de objetos, e até mesmo de sentimentos. Vejamos a saúde e a doença, por exemplo. Quando as pessoas discutem sua saúde, o fazem com sentimento de propriedade, referindo-se às *suas* doenças, *suas* operações, *seus* tratamentos – *suas* dietas, *seus* remédios. Consideram claramente que a saúde e a doença são propriedade; a sua relação de propriedade com a sua saúde debilitada é análoga, digamos, à de um acionista cujas ações estão perdendo parte do seu valor original num mercado em forte queda.

Ideias e crenças também podem se tornar propriedade, assim como até mesmo os hábitos. Por exemplo, qualquer pessoa que tome um café da manhã idêntico à mesma hora todas as manhãs pode ser perturbada mesmo por uma ligeira mudança nessa rotina, porque o seu hábito se tornou uma propriedade cuja perda põe em perigo a sua segurança.

A imagem da universalidade do modo de existência do ter pode parecer a muitos leitores demasiado negativa e unilateral; e de fato é. Eu queria retratar primeiro a atitude socialmente predominante, a fim de dar uma imagem tão clara quanto possível. Mas há outro elemento que pode dar um certo equilíbrio a esse quadro: uma atitude crescente entre a geração jovem, que é bastante diferente da maioria. Entre esses jovens encontramos padrões de consumo que não são formas ocultas de aquisição e posse, mas expressões de alegria genuína em fazer o que se gosta sem esperar nada "duradouro" em troca. Esses jovens viajam longas distâncias, muitas vezes com dificuldades, para ouvir a música de que gostam, para ver um lugar que querem descobrir, para conhecer pessoas que querem conhecer. Se os seus objetivos são tão valiosos como pensam que são, não é a questão aqui; mesmo que não tenham suficiente seriedade, preparação ou concentração, esses jovens ousam *ser* e não estão interessados no que recebem em troca ou no que podem guardar. Também parecem muito mais sinceros do que a geração mais velha, embora sejam muitas vezes filosófica e politicamente ingênuos. Não dão polimento a seus egos o tempo todo para serem um "objeto" desejável no mercado. Não protegem sua imagem mentindo constantemente, com ou sem saber; eles não gastam sua energia reprimindo a verdade, como faz a maioria. E, frequentemente, impressionam as pessoas mais velhas com sua sinceridade – pois os mais velhos admiram secretamente as pessoas que podem enxergar ou falar a verdade. Entre eles estão grupos de orientação política e religiosa de todos os matizes, mas também muitas pessoas sem qualquer ideologia ou doutrina específica que podem dizer de si mesmas que estão apenas "procurando". Embora possam ou não encontrar a si próprias, ou a um objetivo que forneça um guia prático para a vida, buscam ser elas mesmas, em vez de ter e consumir.

Esse elemento positivo precisa, no entanto, ser qualificado. Muitos desses mesmos jovens (e o seu número tem diminuído acentuadamente desde o final dos anos 1960) não tinham deixado de ser *livres de* para tornarem-se *livres para*; simplesmente se rebelaram sem tentar encontrar um objetivo para o qual avançar, exceto o da libertação das restrições e da dependência. Tal como o dos seus pais burgueses, o seu lema era "O novo é bonito!", e desenvolveram um desinteresse quase fóbico por todas as tradições, incluindo os pensamentos que as maiores mentes produziram. Numa espécie de narcisismo ingênuo, acreditavam que poderiam descobrir por si mesmos tudo o que vale a pena descobrir. Basicamente, o seu ideal era voltarem a ser crianças pequenas, e autores como Marcuse produziram a conveniente ideologia de que o regresso à infância – e não o desenvolvimento até a maturidade – é o objetivo final do socialismo e da revolução. Eles foram felizes enquanto foram jovens o suficiente para que essa euforia durasse; mas muitos passaram desse período com grande decepção, sem terem adquirido convicções bem fundamentadas, sem um centro dentro de si. Muitas vezes acabam como pessoas desapontadas e apáticas – ou como infelizes fanáticos da destruição.

Nem todos os que começaram com grandes esperanças terminaram decepcionados, mas infelizmente é impossível saber qual é o seu número. Que eu saiba, não estão disponíveis dados estatísticos válidos ou estimativas sólidas e, mesmo que estivessem disponíveis, é quase impossível ter a certeza de como qualificar os indivíduos. Hoje, milhões de pessoas nos Estados Unidos e na Europa tentam entrar em contato com a tradição e com professores que lhes possam mostrar o caminho. Mas, em grande parte, as doutrinas e os professores são fraudulentos, ou viciados pelo espírito de alarde das relações públicas, ou imiscuídos com os interesses financeiros e de prestígio dos respectivos gurus. Algumas pessoas podem se beneficiar genuinamente de tais métodos, apesar da farsa; outros irão aplicá-los sem qualquer intenção séria de mudança interior. Mas só uma análise quantitativa e qualitativa detalhada dos novos crentes poderia mostrar quantos pertencem a cada grupo.

A minha estimativa pessoal é que os jovens (e alguns mais velhos) que estão seriamente preocupados com a mudança do modo do ter para o modo do ser somam mais do que alguns indivíduos dispersos. Acredito que um grande número de grupos e indivíduos estão se movendo na direção do ser, representando uma nova tendência que transcende a orientação ao ter da maioria e que têm um significado histórico. Não será a primeira vez na história que uma minoria indica o rumo que o desenvolvimento histórico tomará. A existência dessa minoria dá esperança para a mudança geral de atitude do ter para o ser. Essa esperança é tanto mais real na medida em que alguns dos fatores que possibilitaram o surgimento dessas novas atitudes são mudanças históricas que dificilmente poderão ser revertidas: a quebra da supremacia patriarcal sobre as mulheres e da dominação dos jovens pelos pais. Embora a revolução política do século 20, a revolução russa, tenha falhado (é demasiado cedo para avaliar o resultado final da revolução chinesa), as revoluções vitoriosas do nosso século, embora estejam apenas nas suas primeiras fases, são as revoluções das mulheres, das crianças e a sexual. Os seus princípios já foram aceitos pela consciência de um grande número de indivíduos, e a cada dia as velhas ideologias se tornam mais ridículas.

A natureza do ter

A natureza do modo de existência do ter decorre da natureza da propriedade privada. Nesse modo de existência, tudo o que importa é a minha aquisição de propriedade e o meu direito ilimitado de manter o que adquiri. O modo do ter exclui outros; ele não requer nenhum esforço adicional de minha parte para manter minha propriedade ou fazer uso produtivo dela. O Buda descreveu esse modo de comportamento como desejo, as religiões judaica e cristã, como cobiça; ele transforma todas as pessoas e todas as coisas em algo morto e sujeito ao poder de outrem.

A frase "Eu tenho algo" expressa a relação entre o sujeito, *EU* (ou ele, nós, você, elas), e o objeto, *O*. Ela implica que o sujeito e o objeto são permanentes. Mas há permanência no sujeito? Ou no objeto? Eu morrerei; posso perder a posição social que me garante ter alguma coisa. Da mesma forma, o objeto não é permanente: pode ser destruído, ou pode ser perdido, ou pode perder seu valor. Falar em ter algo permanentemente se baseia na ilusão de uma substância permanente e indestrutível. Se pareço ter tudo, não tenho – na realidade – nada, uma vez que ter, possuir, controlar um objeto é apenas um momento transitório no processo de viver.

Em última análise, a afirmação "*EU* [sujeito] tenho *O* [objeto]" expressa uma definição do *EU* através da minha posse de *O*. O sujeito não sou *eu mesmo*, mas *eu sou o que tenho*. Minha propriedade constitui a mim e à minha identidade. O pensamento subjacente à afirmação "Eu sou eu" é "*Eu sou eu porque tenho X*" – X igualando todos os objetos naturais e pessoas com quem me relaciono através do meu poder de controlá-los, de torná-los permanentemente meus.

No modo do ter, não existe uma relação viva entre mim e o que tenho. Ele e eu nos tornamos coisas, e eu *o* tenho, porque tenho a força para torná-lo meu. Mas há também uma relação inversa: *ele me possui*, porque meu senso de identidade, isto é, de sanidade, depende de eu *tê-lo* (e tantas coisas quanto possível). O modo de existência do ter não é estabelecido por um processo vivo e produtivo entre sujeito e objeto; ele faz coisas tanto de objeto quanto de sujeito. O relacionamento é de morte, não de vivacidade.

Ter – Força – Rebelião

A tendência de crescer em termos da sua própria natureza é comum a todos os seres vivos. Por isso resistimos a qualquer tentativa de impedir o nosso crescimento nos caminhos determinados pela nossa estrutura. Para quebrar essa resistência, seja ela consciente ou não, é necessária força física ou mental. Os objetos inanimados resistem ao controle da sua composição física em vários graus através da energia inerente às suas estruturas atômicas e moleculares. Mas eles não lutam contra o uso. O uso da força heterônoma com os seres vivos (ou seja, a força que tende a nos dobrar em direções contrárias à nossa estrutura dada e que é prejudicial ao nosso crescimento) desperta resistência. Essa resistência pode assumir todas as formas, desde a resistência aberta, eficaz, direta e ativa até a resistência indireta, ineficaz e, muitas vezes, inconsciente.

O que é restringido é a expressão livre e espontânea da vontade do bebê, da criança, do adolescente e, por fim, do adulto, da sua sede de conhecimento e de verdade, do seu desejo de afeto. A pessoa em crescimento é forçada a renunciar à maior parte dos seus desejos e interesses autônomos e genuínos, e à sua própria vontade, e a adotar uma vontade, desejos e sentimentos que não são autônomos, mas sim sobrepostos pelos padrões sociais de pensamento e sentimento. A sociedade, e a família como seu agente psicossocial, tem que resolver um problema difícil: *como quebrar a vontade de uma pessoa sem que ela tenha consciência disso?* No entanto, através de um complicado processo de doutrinação, recompensas, punições e ideologia adequada, a sociedade resolve essa tarefa tão bem que a maioria das pessoas acredita que está seguindo sua própria vontade, inconsciente de que esta é condicionada e manipulada.

A maior dificuldade nessa supressão da vontade existe no que concerne à sexualidade, porque tratamos aqui de uma forte tendência da ordem natural que é menos fácil de manipular do que muitos outros desejos. Por essa razão, as pessoas se esforçam mais para lutar contra seus desejos sexuais do que qualquer outro desejo humano. Não há necessidade de citar as várias formas de vilanização do sexo, desde motivos morais (sua maldade) até motivos de saúde (a masturbação causa danos físicos). A Igreja teve de proibir o controle da natalidade e o sexo extraconjugal, e ainda hoje se apega a esses princípios, quando a prudência recomendava uma atitude mais tolerante.

O esforço feito para suprimir o sexo estaria além da nossa compreensão se fosse por causa do sexo como tal. Não é o sexo, porém, mas a quebra da vontade humana que é a razão para vilanizar o sexo. Um grande número das chamadas sociedades primitivas não tem qualquer tabu sexual. Dado funcionarem sem exploração e dominação, elas não têm de quebrar a vontade do indivíduo. Podem se permitir não estigmatizar o sexo e desfrutar o prazer das relações sexuais sem sentimentos de culpa. O mais notável nessas sociedades é que essa liberdade sexual não conduz à ganância sexual; que após um período de relações sexuais relativamente transitórias os casais se encontram; que eles não desejam trocar de parceiros, mas também são livres para se separar quando o amor acaba. Para esses grupos não orientados para a propriedade, o prazer sexual é uma expressão do ser, não o resultado da possessividade sexual. Ao dizer isso, não quero dizer que devamos voltar a viver como essas sociedades primitivas vivem – não que pudéssemos, mesmo se esse fosse nosso desejo, pela simples razão de que o processo de individuação e diferenciação individual e distância que a civilização provocou dá ao amor individual uma qualidade diferente daquela da sociedade primitiva. Não podemos regredir; só podemos seguir em frente. O que importa é que novas formas de ausência de propriedade acabarão com a ganância sexual, característica de todas as sociedades no modo do ter.

O desejo sexual é uma expressão de independência que se manifesta muito cedo na vida (masturbação). A sua denúncia serve para quebrar a vontade da criança e fazê-la se sentir culpada e, portanto, mais submissa. Em grande medida, o impulso para quebrar os tabus sexuais é essencialmente uma tentativa de rebelião que visa restaurar a liberdade de alguém. Mas a quebra dos tabus sexuais enquanto tais não conduz a uma maior liberdade; a rebelião é afogada, por assim dizer, na satisfação sexual... e na subsequente culpa da pessoa. Somente a conquista da independência interior conduz à liberdade e acaba com a necessidade de rebelião infrutífera. O mesmo vale para todos os outros comportamentos que visam fazer o que é proibido como uma tentativa de restaurar a liberdade de alguém. *De fato, os tabus criam obsessão e perversões sexuais, mas a obsessão e as perversões sexuais não criam liberdade.*

A rebelião da criança se manifesta de muitas outras formas: pelo fato de a criança não aceitar as regras de asseio; por não comer ou por comer demais; pela agressão e pelo sadismo, e por muitos tipos de atos autodestrutivos. Muitas vezes a rebelião se manifesta numa espécie de "ataque de desaceleração" geral – uma retirada de interesse no mundo, preguiça, passividade, até as formas mais patológicas de autodestruição lenta. Os efeitos dessa luta de poder entre filhos e pais são o tema do artigo de David E. Schecter sobre desenvolvimento infantil. Todos os dados indicam que a *interferência heterônoma no processo de crescimento da criança e da pessoa posterior é a raiz mais profunda da patologia mental, especialmente de destrutividade.*

Deve ser claramente entendido, porém, que a liberdade não é *laissez-faire* e arbitrariedade. Os seres humanos têm uma estrutura específica – como qualquer outra espécie – e só podem crescer em termos dessa estrutura. Liberdade não significa liberdade de todos os princípios orientadores. Significa a liberdade de crescer de acordo com as leis da estrutura da existência humana (restrições autônomas). Significa obediência às leis que regem o desenvolvimento humano ideal. Qualquer autoridade que promova esse objetivo é uma "autoridade racional" quando essa promoção é alcançada ao se ajudar a mobilizar a atividade, o pensamento crítico e a fé na vida da criança. E é uma "autoridade irracional" quando impõe à criança normas heterônomas que servem aos propósitos da autoridade, mas não os propósitos da estrutura específica da criança. O modo de existência do ter, a atitude centrada na propriedade e no lucro, produz necessariamente o desejo – na verdade, a necessidade – de poder. Para controlar outros seres humanos vivos, precisamos usar poder para quebrar a resistência deles. Para manter o controle sobre a propriedade privada, precisamos usar poder para protegê-la daqueles que a tirariam de nós porque eles, tal como nós, nunca conseguirão ter o suficiente; o desejo de ter propriedade privada produz o desejo de usar a violência para roubar outras pessoas de forma aberta ou encoberta. No modo do ter, a felicidade reside na superioridade sobre os outros, no poder e, em última análise, na capacidade de conquistar, roubar, matar. No modo do ser consiste em amar, partilhar, dar.

Outros fatores que apoiam o modo do ter

A *linguagem* é um fator importante no fortalecimento da orientação para o ter. O nome de uma pessoa – e todos nós temos nomes (e talvez números, se a tendência atual de despersonalização continuar) – cria a ilusão de que ela é um ser final e imortal. A pessoa e o nome se tornam equivalentes; o nome demonstra que a pessoa é uma substância duradoura e indestrutível – e não um processo. Os substantivos comuns têm a mesma função: isto é, amor, orgulho, ódio, alegria dão a aparência de substâncias fixas, mas tais substantivos não têm realidade e apenas obscurecem a percepção de que estamos lidando com processos que ocorrem num ser humano. Mas mesmo substantivos que são nomes de *coisas*, como "mesa" ou "lâmpada", são enganosos. Essas palavras indicam que estamos falando de substâncias fixas, embora as coisas nada mais sejam do que um processo de energia que causa certas sensações em nosso sistema corporal. Mas essas sensações não são *percepções* de coisas específicas como uma mesa ou um abajur; essas percepções são resultado de um processo cultural de aprendizagem, processo que faz com que certas sensações assumam a forma de percepções específicas. Acreditamos ingenuamente que coisas como mesas e lâmpadas existem como tais, e não conseguimos perceber que a sociedade nos ensina a transformar sensações em percepções que nos permitem manipular o mundo que nos rodeia, a fim de nos permitir sobreviver numa determinada cultura. Uma vez que tenhamos dado um nome a tais percepções, o nome parece garantir a realidade final e imutável da percepção.

A necessidade de ter apresenta ainda outro fundamento: *o desejo de viver biologicamente dado*. Quer estejamos felizes ou infelizes, nosso corpo nos impele a lutar pela *imortalidade*. Mas como sabemos por experiência que vamos morrer, procuramos soluções que nos façam acreditar que, apesar da evidência empírica, somos imortais. Esse desejo assumiu muitas formas: a crença dos faraós de que os seus corpos consagrados nas pirâmides seriam imortais; muitas fantasias religiosas de vida após a morte, nos felizes campos de caça das primeiras sociedades de caçadores; o paraíso cristão e islâmico. Na sociedade contemporânea, desde o século 18, a "história" e o "futuro" se tornaram os substitutos do paraíso cristão: fama, celebridade, até mesmo notoriedade – qualquer coisa que pareça garantir uma nota de rodapé no registro da história – constituem um pouco de imortalidade. O desejo pela fama não é apenas vaidade secular – tem uma qualidade religiosa para aqueles que não acreditam mais no pós-vida tradicional. (Isso é particularmente notório entre os líderes políticos.) A publicidade abre caminho para a imortalidade, e os agentes de relações públicas se tornam os novos sacerdotes.

Mas talvez mais do que qualquer outra coisa, a posse de propriedade constitui a satisfação do desejo de imortalidade, e é por essa razão que a orientação ao ter tem tanta força. Se o meu *eu* é constituído pelo que *tenho*, então sou imortal se as coisas que possuo forem indestrutíveis. Do Antigo Egito até hoje – desde a imortalidade física, através da mumificação do corpo, até a imortalidade mental, através do testamento – as pessoas permaneceram vivas para além das suas vidas físicas/mentais. Mediante o poder legal do testamento, a disposição da nossa propriedade é determinada para as gerações vindouras; mediante as leis da herança, eu – na medida em que sou proprietário de capital – torno-me imortal.

O modo do ter e o caráter anal

Uma abordagem útil para compreender o modo do ter é recordar uma das descobertas mais significativas de Freud: depois de passar pela fase infantil de mera receptividade passiva seguida por uma fase de receptividade exploradora agressiva, todas as crianças, antes de atingirem a maturidade, passam por uma fase que Freud designou como *anal-erótica*. Freud descobriu que essa fase muitas vezes permanece dominante durante o desenvolvimento de uma pessoa e que, quando isso acontece, leva ao desenvolvimento do *caráter anal*, ou seja, o caráter de uma pessoa cuja principal energia na vida é direcionada para ter, economizar e acumular dinheiro e coisas materiais, bem como sentimentos, gestos, palavras, energia. É o caráter do indivíduo mesquinho, geralmente ligado a outros traços como ordem, pontualidade, teimosia, cada um deles em um grau acima do comum. Um aspecto importante do conceito de Freud é a ligação simbólica entre dinheiro e fezes – ouro e sujeira –, da qual ele cita vários exemplos. Seu conceito do caráter anal como o de alguém que ainda não atingiu a maturidade é, na verdade, uma crítica contundente à sociedade burguesa do século 19, na qual as qualidades do caráter anal constituíam a norma para o comportamento moral e eram vistas como a expressão da "natureza humana". A equação de Freud, dinheiro = fezes, é uma crítica implícita, embora não intencional, ao funcionamento da sociedade burguesa e à sua possessividade, e pode ser comparada com a discussão de Marx sobre o dinheiro nos *Manuscritos econômico-filosóficos*.

Nesse contexto, é de pouca importância que Freud acreditasse que uma fase especial do desenvolvimento da libido fosse primária e que a formação do caráter fosse secundária (embora, na minha opinião, esta seja o produto da constelação interpessoal na infância da pessoa e, acima de tudo, das condições sociais propícias à sua formação). O que importa é a visão de Freud de que *a orientação predominante na posse ocorre no período anterior à conquista da maturidade plena, sendo patológica ao se tornar permanente*. Para Freud, em outras palavras, a pessoa preocupada exclusivamente com ter e possuir é uma pessoa neurótica e mentalmente doente; daí se seguiria que a sociedade na qual, entre a maioria dos membros, predomina o caráter anal é uma sociedade doente.

Ascetismo e igualdade

Grande parte da discussão moral e política centrou-se na questão: ter ou não ter? No nível moral-religioso, isso significava a alternativa entre a vida ascética e a vida não ascética, esta última incluindo tanto o gozo produtivo como o prazer ilimitado. Essa alternativa perde a maior parte do seu significado se a ênfase não estiver *no* ato de comportamento em si, mas na atitude subjacente a ele. O comportamento ascético, com a sua constante preocupação com o não prazer, pode ser apenas a negação de fortes desejos de ter e consumir. No asceta, esses desejos podem ser reprimidos, mas na própria tentativa de suprimir o ter e o consumir, a pessoa pode estar igualmente preocupada em ter e consumir. Essa negação por sobrecompensação é, como mostram os dados psicanalíticos, muito frequente. Ocorre em casos como vegetarianos fanáticos que reprimem impulsos destrutivos, fanáticos antiabortistas que reprimem os seus impulsos assassinos, fanáticos da "virtude" que reprimem os seus próprios impulsos "pecaminosos". O que importa aqui não é certa convicção como tal, mas o fanatismo que a sustenta. Isso, como todo fanatismo, sugere a suspeita de que serve para encobrir outros impulsos, e geralmente opostos.

No domínio econômico e político, uma alternativa errônea semelhante é entre a desigualdade irrestrita e a igualdade absoluta de renda. Se as posses de todos são funcionais e pessoais, então o fato de alguém ter um pouco mais do que outra pessoa não constitui um problema social, pois como a posse não é essencial, a inveja não cresce. Já aqueles que estão preocupados com a igualdade, no sentido de que a parte de cada um deve ser exatamente igual à de qualquer outro, mostram que a sua própria orientação para o ter é tão forte como qualquer outra, exceto que é negada pela sua preocupação com a exata igualdade. Torna-se visível por trás dessa preocupação a verdadeira motivação: a inveja. Aqueles que exigem que ninguém tenha mais do que eles próprios estão, assim, protegendo-se da inveja que sentiriam se alguém tivesse mesmo um grama a mais de alguma coisa. O que importa é que tanto o luxo quanto a pobreza sejam erradicados; igualdade não deve significar a igualdade quantitativa de cada porção de bens materiais, mas que a renda não seja diferenciada a ponto de criar diferentes experiências de vida para diferentes grupos. Nos *Manuscritos econômico-filosóficos*, Marx salientou esse fato no que chama de "comunismo bruto", que "nega a personalidade do homem em todas as esferas"; esse tipo de comunismo "é apenas o cume de tal inveja e nivelamento com base num mínimo preconcebido".

Ter existencial

Para apreciar plenamente o modo do ter de que estamos tratando aqui, parece necessária ainda outra qualificação, a da função de *ter existencial*; pois a existência humana exige que tenhamos, guardemos, cuidemos e usemos certas coisas para sobreviver. Isso se aplica aos nossos corpos, à alimentação, ao abrigo, ao vestuário e às ferramentas necessárias para produzir nossas necessidades. Essa forma de ter pode ser chamada de ter existencial porque está enraizada na existência humana. É um impulso racionalmente direcionado na busca por permanecer vivo – em contraste com o *ter caracterológico* com o qual temos lidado até agora, que é um impulso apaixonado para reter e manter que não é inato, mas que se desenvolveu como resultado do impacto das condições sociais sobre a espécie humana tal como ela é biologicamente dada.

O ter existencial não está em conflito com o ser; já o ter caracterológico necessariamente está. Mesmo o "justo" e o "santo", na medida em que são humanos, devem querer ter no sentido existencial – enquanto a pessoa média quer ter no sentido existencial *e* no caracterológico. (Veja a discussão anterior sobre dicotomias existenciais e caracterológicas em *Análise do homem*.)

5. O que é o modo do ser?

A maioria de nós sabe mais sobre o modo do ter do que sobre o modo do ser, porque, de longe, ter é o modo experimentado com mais frequência em nossa cultura. Mas algo mais importante do que isso torna a definição do modo do ser muito mais difícil do que a do ter, a saber, a própria natureza da diferença entre esses dois modos de existência.

Ter se refere a *coisas*, e as coisas são fixas e *descritíveis*. Ser se refere a *experiências*, e experiências humanas são, em princípio, indescritíveis. O que é totalmente descritível é a nossa *persona* – a máscara que cada um de nós usa, o ego que apresentamos –, pois essa *persona* é em si uma coisa. Em contrapartida, o ser humano vivo não é uma imagem morta e não pode ser descrito como uma coisa. De fato, o ser humano vivo não pode ser descrito de forma alguma. Na verdade, muito pode ser dito sobre mim, sobre o meu caráter, sobre minha orientação para a vida como um todo. Esse conhecimento perspicaz pode ir muito longe na compreensão e descrição da minha própria estrutura psíquica ou a de outra pessoa.

Mas o eu total, toda a minha individualidade, a minha totalidade, tão única quanto minhas impressões digitais, nunca poderá ser totalmente compreendida, nem mesmo por empatia, pois não existem dois seres humanos inteiramente iguais.[18] Somente no processo de relacionamento mútuo e vivo é possível o outro e eu superarmos a barreira da separação, na medida em que ambos participamos da dança da vida. No entanto, nossa plena identificação mútua nunca poderá ser alcançada.

Mesmo um único ato de comportamento não pode ser totalmente descrito. Alguém poderia descrever por páginas o sorriso de Mona Lisa, e ainda assim o sorriso retratado não teria sido capturado em palavras – mas não porque o sorriso dela seja muito "misterioso". O sorriso de todo mundo é misterioso (a menos que seja o sorriso adestrado e sintético do mercado). Ninguém pode descrever completamente a expressão de interesse, entusiasmo, biofilia, ou de ódio ou narcisismo que se pode ver nos olhos de outra pessoa, ou a variedade de expressões faciais, de jeitos de andar, de posturas, de entonações que existe entre as pessoas.

Ser ativo

O modo do ser tem como pré-requisitos a independência, a liberdade e a presença da razão crítica. Sua característica fundamental é a de ser ativo ou ativa, não no sentido de atividade exterior, de ocupação, mas de atividade interior, o uso produtivo de nossos poderes humanos. Ser ativo

---

18 Trata-se de uma limitação até mesmo para o que de melhor se tem em psicologia, questão que discuti em detalhes, comparando a "psicologia negativa" e a "teologia negativa", no artigo "On the limitations and dangers of psychology" [Sobre limitações e perigos da psicologia] (1959).

significa dar expressão às próprias faculdades, aos talentos, à riqueza dos dons humanos de que – embora em graus variados – todo ser humano é dotado. Significa se renovar, crescer, fluir, amar, transcender a prisão do ego isolado, interessar-se, "*to list*",[19] doar-se. No entanto, nenhuma dessas experiências pode ser plenamente expressa em palavras. As palavras são recipientes cheios de experiência que os transborda. Elas apontam para uma experiência; não são a experiência. No momento em que expresso o que experimento exclusivamente em pensamentos e palavras, a experiência desapareceu: secou, morreu, é um mero pensamento. Portanto, o ser é indescritível em palavras e só é comunicável através da partilha da minha experiência. Na estrutura do ter, a palavra morta impera; na estrutura do ser, impera a experiência viva e inexprimível. (É claro que no modo do ser também existe um pensamento que é vivo e produtivo.)

Talvez o modo do ser possa ser mais bem descrito num símbolo que me foi sugerido por Max Hunziger: quando a luz brilha através de um vidro azul, ele parece ser azul porque absorve todas as outras cores e, portanto, não as deixa passar. Isto é, chamamos um vidro de "azul" precisamente porque ele não retém as ondas azuis. Seu nome não vem do que possui, mas do que distribui.

Somente na medida em que diminuirmos o modo do ter, isto é, do não ser – portanto, se pararmos de encontrar segurança e identidade agarrando-nos ao que temos, "sentando" sobre essas coisas, prendendo-nos ao nosso ego e às nossas posses –, poderá emergir o modo do ser. "Ser" requer abandonar o egocentrismo e o egoísmo, ou, em palavras frequentemente usadas pelos místicos, tornar-se "vazio" e "pobre".

Mas a maioria das pessoas acha muito difícil abrir mão da orientação ao ter; qualquer tentativa desperta uma intensa ansiedade e dá a sensação de abrir mão de toda segurança, como ser jogado no oceano quando não

---

19 Atentar para o sentido discutido no Capítulo 2. [N.T.]

se sabe nadar. Elas não sabem que, quando abandonarem a muleta da propriedade, poderão começar a usar suas próprias forças e caminhar por si mesmas. O que as impede é a ilusão de que não conseguiriam andar sozinhas, de que entrariam em colapso se não fossem sustentadas pelas coisas que têm. São como a criança que tem medo de nunca aprender a andar depois de cair pela primeira vez. Mas a natureza e a ajuda de outras pessoas evitam que os seres humanos se tornem incapazes. Aqueles que acreditam que entrariam em colapso sem usar as muletas do ter também precisam de ajuda humana.

Atividade e passividade

Ser, no sentido em que o descrevemos, implica a faculdade de ser ativo; a passividade exclui o ser. No entanto, "ativo" e "passivo" são palavras muito mal compreendidas, já que o seu significado é hoje completamente diferente do que era desde a Antiguidade clássica e a Idade Média até o período que começa com o Renascimento. Para compreender o conceito de ser, é necessário esclarecer o conceito de atividade e passividade.

No uso moderno, atividade é geralmente definida como uma qualidade de comportamento que provoca um efeito visível pelo gasto de energia. Assim, por exemplo, os agricultores que cultivam as suas terras são chamados de ativos; o mesmo acontece com trabalhadoras nas linhas de montagem, vendedores que convencem os seus clientes a comprar, investidoras que investem dinheiro próprio ou de outras pessoas, médicos que tratam os seus pacientes, funcionárias que vendem selos postais, burocratas que arquivam documentos. Embora algumas dessas atividades possam exigir mais interesse e concentração do que outras, isso não importa no que diz respeito à "atividade". A atividade, em geral, *é um comportamento intencional socialmente reconhecido que resulta nas mudanças socialmente úteis correspondentes.*

Atividade no sentido moderno se refere apenas ao comportamento, não à pessoa por trás do comportamento. Não faz diferença se as pessoas são ativas porque são movidas por uma força externa, como um escravo, ou por uma compulsão interna, como uma pessoa movida pela ansiedade. Não importa se estão interessadas no trabalho, como um carpinteiro ou uma escritora, uma cientista ou um jardineiro; ou se não têm nenhuma relação interna e satisfação com o que fazem, como o trabalhador na linha de montagem ou a funcionária dos correios.

O sentido moderno de atividade não faz distinção entre atividade e mera *ocupação*. Mas há uma diferença fundamental entre os dois, que corresponde aos termos "alienado" e "não alienado" no que diz respeito às atividades. Na atividade alienada, não me sinto como sujeito atuante da minha atividade; em vez disso, vivencio o *resultado* da minha atividade – e isso como algo "ali", separado de mim e acima de mim e contra mim. Na atividade alienada, eu não ajo de verdade; sou *influenciado por* forças externas ou internas. Eu me separei do resultado da minha atividade. O melhor caso observável de atividade alienada no campo da psicopatologia é o das pessoas compulsivo-obsessivas. Forçadas por um impulso interior a fazer algo contra a sua própria vontade – como contar passos, repetir certas frases, realizar certos rituais privados –, elas podem ser extremamente ativas na prossecução desse objetivo; mas, como a investigação psicanalítica demonstrou amplamente, elas são movidas por uma força interior que desconhecem. Um exemplo igualmente claro de atividade alienada é o comportamento pós-hipnótico. Pessoas sob sugestão hipnótica para fazer isso ou aquilo, ao despertar do transe hipnótico, farão essas coisas sem qualquer consciência de que não estão fazendo o que querem, mas sim seguindo as ordens previamente dadas pelos seus respectivos hipnotizadores.

Na atividade não alienada, *vivencio-me como sujeito* da minha atividade. A atividade não alienada é um processo de dar origem a algo, de produzir algo e permanecer relacionado com o que produzo. Isso também implica que a minha atividade é uma manifestação dos meus poderes, que eu e a minha atividade e o resultado da minha atividade somos um. Eu chamo essa atividade não alienada de *atividade produtiva*.[20]

"Produtivo", conforme usado aqui, não se refere à capacidade de criar algo novo ou original, do modo como um artista ou um cientista podem ser criativos. Também não se refere ao produto da minha atividade, mas sim à sua *qualidade*. Uma pintura ou um tratado científico podem ser bastante improdutivos, isto é, estéreis; por sua vez, o processo que ocorre em pessoas que têm consciência de si mesmas em profundidade, ou que realmente "enxergam" uma árvore em vez de apenas olhar para ela, ou que leem um poema e experimentam em si mesmas o movimento de sentimentos que o poeta expressou em palavras – esse processo pode ser muito produtivo, embora nada seja "produzido". A atividade produtiva denota o estado de atividade interna; não tem necessariamente uma ligação com a criação de uma obra de arte, de ciência ou de algo "útil". A produtividade é uma orientação de caráter da qual todos os seres humanos são capazes, na medida em que não sejam emocionalmente incapazes. Pessoas produtivas animam tudo o que tocam. Elas dão origem às suas próprias faculdades e dão vida a outras pessoas e a coisas.

"Atividade" e "passividade" podem ter dois significados totalmente diferentes. A atividade alienada, no sentido de mera ocupação, é na verdade "passividade", no sentido de produtividade; enquanto a passividade,

---

20 Usei os termos "atividade espontânea" em *O medo da liberdade* e "atividade produtiva" nos meus escritos posteriores.

em termos de não ocupação, pode ser uma atividade não alienada. Isso é tão difícil de compreender hoje porque a maior parte da atividade é "passividade" alienada, enquanto a passividade produtiva raramente é experimentada.

Atividade e passividade, segundo os mestres do pensamento

"Atividade" e "passividade", nesse sentido atual, não eram usadas na tradição filosófica da sociedade pré-industrial. Dificilmente poderiam ter sido, uma vez que a alienação do trabalho não tinha atingido um ponto comparável ao que existe agora. Por essa razão, filósofos como *Aristóteles* nem sequer fazem uma distinção clara entre "atividade" e mera "ocupação". Em Atenas, o trabalho alienado era feito apenas por escravos; ocupações que envolvessem trabalho corporal parecem ter sido excluídas do conceito de *práxis* ("prática"), um termo que se refere apenas a quase qualquer tipo de atividade que uma pessoa livre possa realizar, e essencialmente o termo que Aristóteles usou para designar as atividades de uma pessoa livre. (Ver Nicholas Lobkowicz, *Theory and Practice* [Teoria e prática].) Considerando esse contexto, o problema do trabalho subjetivamente sem sentido, alienado e puramente rotinizado dificilmente poderia surgir para os atenienses livres. A liberdade que tinham implicava precisamente que, por não serem escravos, sua atividade era produtiva e significativa para eles.

Que Aristóteles não partilhava dos nossos conceitos atuais de atividade e passividade se torna inequivocamente claro se considerarmos que para ele a forma mais elevada de práxis, isto é, de atividade – mesmo acima da atividade política – é a vida contemplativa, dedicada à busca da verdade. A ideia de que a contemplação era uma forma de inatividade era impensável para ele. Aristóteles considera a vida contemplativa como a *atividade* de nossa melhor parte, o *nous*. O escravo pode desfrutar do prazer sensual, assim como as pessoas livres. Mas a *eudaimonia*, o "bem-estar", consiste não em prazeres, mas em *atividades de acordo com a virtude* (*Ética a Nicômaco*).

Tal como a de Aristóteles, a posição de *Tomás de Aquino* também contrasta com o conceito moderno de atividade. Ainda para Tomás de Aquino, a vida devotada à quietude interior e ao conhecimento espiritual, a *vita contemplativa*, é a forma mais elevada de atividade humana. Ele admite que a vida diária, a *vita activa*, da pessoa média, também é valiosa e leva ao bem-estar (*beatitudo*), desde que – e esta qualificação é crucial – o objetivo em direção ao qual todas as atividades de alguém são direcionadas seja o bem-estar, e que a pessoa seja capaz de controlar suas paixões e seu corpo (Tomás de Aquino, *Suma teológica*, 2-2:182, 183; 1-2:4,6).

Mas o problema da *vita contemplativa* e da *vita activa* vai muito além desse ponto. Pois, embora a atitude de Tomás de Aquino seja de uma certa conciliação, o autor de *A nuvem do não saber*, contemporâneo do *Mestre Eckhart*, argumenta veementemente contra o valor da vida ativa, enquanto Eckhart, por sua vez, fala muito a favor dela. A contradição não é tão acentuada quanto possa parecer, porque todos concordam que a atividade só é "saudável" quando está enraizada nas e expressa as exigências éticas e espirituais últimas. Por essa razão, para todos esses professores, a ocupação, isto é, a atividade separada da base espiritual das pessoas, deve ser rejeitada.[21]

Como pessoa e como pensador, *Spinoza* incorporou o espírito e os valores que estavam vivos na época de Eckhart, cerca de quatro séculos

---

21 A obra de W. Lange, N. Lobkowicz e D. Mieth (1971) pode prover outros *insights* a respeito desse problema sobre a vida contemplativa e a vida ativa.

antes; no entanto, ele também observou atentamente as mudanças que ocorreram na sociedade e na pessoa média. Ele foi o fundador da psicologia científica moderna; foi um dos descobridores da dimensão do inconsciente e, com essa visão enriquecida, fez uma análise da diferença entre atividade e passividade mais sistemática e precisa do que qualquer um dos seus antecessores.

Na sua *Ética*, Spinoza distingue entre atividade e passividade (agir e sofrer) como os dois aspectos fundamentais do funcionamento da mente. O primeiro critério para o *agir* é que uma ação decorre da natureza humana: "Eu digo que agimos quando alguma coisa é feita, seja dentro ou fora de nós, e da qual somos a causa adequada, isto é, quando a partir de nossa natureza se segue alguma coisa, dentro ou fora de nós, que somente por essa natureza pode ser clara e distintamente compreendida. Contudo, digo que sofremos [isto é, no sentido de Spinoza, somos passivos] quando algo é feito dentro de nós, ou quando qualquer coisa decorre de nossa natureza e da qual não somos a causa, exceto parcialmente" (*Ética*, 3, def. 2).

São frases difíceis para o leitor moderno, que está habituado a pensar que o termo "natureza humana" não corresponde a quaisquer dados empíricos demonstráveis. Mas para Spinoza, assim como para Aristóteles, não é assim; nem o é para alguns neurofisiologistas, biólogos e psicólogos contemporâneos. Spinoza acredita que a natureza humana é tão característica dos seres humanos quanto a natureza do cavalo é característica do cavalo; além disso, que a bondade ou a maldade, o sucesso ou o fracasso, o bem-estar ou o sofrimento, a atividade ou a passividade dependem do grau em que as pessoas conseguem realizar o desenvolvimento ideal da sua própria natureza. A realização ideal da natureza da espécie (no caso das pessoas, a natureza humana) é o objetivo da vida; quanto mais nos aproximamos do modelo da natureza humana, maiores são a nossa liberdade e o nosso bem-estar.

No modelo de ser humano de Spinoza, o atributo da atividade é inseparável de um outro: a razão. Na medida em que agimos de acordo com as condições da nossa existência e estamos conscientes dessas condições como reais e necessárias, conhecemos a verdade sobre nós mesmos. "Nossa mente às vezes age e às vezes sofre: na medida em que tem ideias adequadas, ela necessariamente age; e na medida em que tem ideias inadequadas, ela necessariamente sofre" (*Ética*, 3, prop. 1).

Os desejos são divididos em ativos e passivos (*actiones* e *passiones*). Os primeiros estão enraizados nas condições da nossa existência (as naturais, e não as distorções patológicas), e os últimos não estão assim enraizados, mas são causados por condições distorcidas internas ou externas. Os primeiros existem na medida em que somos livres; os últimos são causados por força interna ou externa. Todos os "afetos ativos" são necessariamente bons: as "paixões" podem ser boas ou más. De acordo com Spinoza, atividade, razão, liberdade, bem-estar, alegria e autoaperfeiçoamento estão inseparavelmente ligados — da mesma forma que passividade, irracionalidade, subserviência, tristeza, impotência e esforços contrários às exigências da natureza humana (*Ética*, 4, ap. 2, 3, 5; props. 40, 42).

Só se compreende por completo as ideias de Spinoza sobre as paixões e a passividade se avançarmos para o último — e mais moderno — passo do seu pensamento: que ser movido por paixões irracionais é ser mentalmente doente. Na medida em que alcançamos o crescimento ideal, não somos apenas (relativamente) livres, fortes, racionais e alegres, mas também mentalmente saudáveis; na medida em que não conseguimos atingir esse objetivo, ficamos sem liberdade, fracos, sem racionalidade e deprimidos. Spinoza, que eu saiba, foi o primeiro pensador moderno a postular que saúde e doença mentais são resultados de uma vida certa e errada, respectivamente.

Para Spinoza, a saúde mental é, em última análise, uma manifestação de um viver correto; já a doença mental, um sintoma da incapacidade de viver de acordo com as exigências da natureza humana. "Mas se o *ganancioso* pensa apenas em dinheiro e posses, o ambicioso apenas em fama, não se pensa neles como loucos, mas apenas como irritantes; geralmente há desprezo por eles. Mas, *na verdade*, a ganância, a ambição e assim por diante são formas de insanidade, embora normalmente não se pense nelas como 'doença'" (*Ética*, 4, prop. 44). Nessa afirmação, tão estranha ao pensamento do nosso tempo, Spinoza considera patológicas as paixões que não correspondem às necessidades da natureza humana; de fato, ele chega a chamá-las de uma forma de insanidade.

Os conceitos de atividade e passividade de Spinoza formam uma crítica muito radical da sociedade industrial. Em contraste com a crença atual de que as pessoas movidas principalmente pela ganância por dinheiro, posse ou fama são normais e bem ajustadas, elas são consideradas por Spinoza totalmente passivas e basicamente doentes. Pessoas ativas no sentido de Spinoza, algo que ele personificou na sua própria vida, tornaram-se exceções e são de certa forma suspeitas de serem "neuróticas" porque estão muito pouco adaptadas à chamada atividade normal.

Marx escreveu (nos *Manuscritos econômico-filosóficos*) que a "atividade livre e consciente" (isto é, a atividade humana) é "a caraterística da espécie humana". O trabalho, para ele, representa a atividade humana, e a atividade humana é a vida. O capital, por sua vez, representa para Marx o que é acumulado, passado e, em última análise, morto (*Grundrisse*). Não se pode compreender por completo a carga afetiva que a luta entre o capital e o trabalho tinha para Marx, a menos que se considere que para ele essa era a luta entre a vivacidade e a morte, o presente *versus* o passado, pessoas *versus* coisas, o ser *versus* o ter. Para Marx, a questão era: quem deveria governar quem – deveria a vida governar o que é morto, ou o que é morto governar a vida? O socialismo, para ele, representava uma sociedade em que a vida teria vencido o que é morto.

Como um todo, a crítica de Marx ao capitalismo e a sua visão do socialismo estão enraizadas no conceito de que a autoatividade humana está paralisada no sistema capitalista e que o objetivo é restaurar a humanidade plena mediante a restauração da atividade em todas as esferas da vida.

Apesar das formulações influenciadas por economistas clássicos, o clichê de que Marx era um determinista, fazendo dos seres humanos objetos passivos da história e privando-os da sua atividade, é exatamente o oposto do seu pensamento, como qualquer pessoa que leia Marx por si mesma, em vez de umas poucas frases isoladas tiradas do contexto, facilmente se convencerá. As opiniões de Marx não poderiam ser expressas de forma mais clara do que na sua própria declaração: "A história não faz nada; não possui riquezas colossais, não 'luta nenhuma luta'. É antes o homem – o homem real e vivo – que age, possui e luta contra tudo. Não é de forma alguma a 'História' que utiliza o homem como meio para atingir os seus fins como se fosse uma pessoa à parte; antes, a História nada mais é do que a atividade do homem na busca de seus fins" (Marx e Engels, *A sagrada família*). Dos quase contemporâneos, nenhum percebeu o caráter passivo da atividade moderna de forma tão penetrante quanto *Albert Schweitzer*, que, em seu estudo sobre a decadência e a restauração da civilização, enxergava o homem moderno como não livre, incompleto, não concentrado, patologicamente dependente e "absolutamente passivo".

O ser enquanto realidade

Até agora descrevi o significado do ser contrastando-o com o ter. Mas um segundo significado de ser, igualmente importante, é revelado ao compará-lo com o *parecer*. Se pareço ser gentil enquanto minha bondade é apenas uma máscara para encobrir minha exploração; se pareço ser corajoso enquanto sou extremamente vaidoso ou talvez suicida; se pareço amar meu país enquanto estou promovendo meus interesses egoístas, a aparência – ou seja, meu comportamento manifesto – está em drástica contradição com a realidade das forças que me motivam. Meu comportamento é diferente do meu caráter. Minha estrutura de caráter, a verdadeira motivação do meu comportamento, constitui meu ser real. Meu comportamento pode refletir parcialmente meu ser, mas geralmente é uma máscara que tenho e uso para meus próprios propósitos. O behaviorismo lida com essa máscara como se fosse um dado científico confiável; o verdadeiro *insight* está focado na realidade interior, que geralmente não é consciente nem diretamente observável. Esse conceito de ser como "desmascaramento", tal como expresso por Eckhart, é central no pensamento de Spinoza e de Marx e é a descoberta fundamental de Freud.

Compreender a discrepância entre comportamento e caráter, entre minha máscara e a realidade que ela esconde, é a principal conquista da psicanálise de Freud. Ele desenvolveu um método (associação livre, análise de sonhos, transferência e resistência) que visava descobrir os desejos instintivos (essencialmente sexuais) que tinham sido reprimidos na primeira infância. Mesmo quando desenvolvimentos posteriores na teoria e na terapia psicanalíticas passaram a enfatizar eventos traumáticos no campo das primeiras relações interpessoais, em vez da vida instintiva, o princípio permaneceu o mesmo: o que é reprimido são os primeiros e – como acredito – os posteriores desejos e medos traumáticos; o caminho para a recuperação dos sintomas ou de um mal-estar mais geral reside na descoberta desse material reprimido. Em outras palavras, o que é reprimido são os elementos irracionais, infantis e individuais da experiência.

Por sua vez, as visões de senso comum de um cidadão normal, isto é, socialmente adaptado, deveriam ser racionais e não exigir análise profunda. Mas isso não é verdade. Nossas motivações, ideias e crenças conscientes são uma mistura de informações falsas, vieses, paixões irracionais, racionalizações e preconceitos, na qual pedaços de verdade ficam boiando e dão a garantia, embora falsa, de que toda a mistura é real e verdadeira. O processo de pensamento tenta organizar todo esse esgoto de ilusões de acordo com as leis da lógica e da plausibilidade. Supõe-se que esse nível de consciência reflita a realidade; seria o mapa que usamos para organizar nossa vida. Esse mapa falso não é reprimido. *O que é reprimido é o conhecimento da realidade, o conhecimento do que é verdadeiro*. Se perguntarmos então: "O que é inconsciente?", a resposta deve ser: Para além das paixões irracionais, quase todo o conhecimento da realidade. O inconsciente é basicamente determinado pela sociedade, que produz paixões irracionais e fornece aos seus membros vários tipos de ficção, forçando assim a verdade a se tornar prisioneira da pretensa racionalidade.

Evidentemente, a afirmação de que a verdade é reprimida se baseia na premissa de que conhecemos a verdade e reprimimos esse conhecimento; em outras palavras, que existe "conhecimento inconsciente". Minha experiência em psicanálise – dos outros e de mim mesmo – é que isso é mesmo verdade. Percebemos a realidade, e não há como deixar de percebê-la. Assim como nossos sentidos são organizados para ver, ouvir, cheirar e tocar quando nos aproximamos da realidade, nossa razão é organizada para reconhecer a realidade, ou seja, para enxergar as coisas como elas são, para perceber a verdade. É claro que não me refiro à parte da realidade que requer ferramentas ou métodos científicos para ser percebida. Estou me referindo ao que é reconhecível por uma "visão" concentrada, especialmente da realidade em nós mesmos e nos outros.

Sabemos quando encontramos uma pessoa perigosa, quando encontramos alguém em quem podemos confiar plenamente; sabemos quando somos enganados, explorados ou feitos de tonto, quando nos fazemos acreditar em uma mentira. Sabemos quase tudo o que é importante saber sobre o comportamento humano, da mesma maneira como os nossos antepassados tinham um conhecimento notável sobre os movimentos das estrelas. Mas enquanto eles eram *conscientes* do seu conhecimento e o utilizavam, reprimimos imediatamente o nosso conhecimento, já que, se fosse consciente, ele tornaria a vida difícil demais e, como nos convencemos, "perigosa" demais.

É fácil encontrar a prova dessa afirmação. Ela existe em muitos sonhos nos quais demonstramos uma visão profunda da essência das outras pessoas e de nós mesmos, algo que nos falta completamente durante o dia. (Incluí exemplos de "sonhos de *insight*" em *A linguagem esquecida*.) É evidenciada naquelas reações frequentes em que de repente enxergamos alguém sob uma luz totalmente diferente e então sentimos como se já tivéssemos tido esse conhecimento o tempo todo. Pode ser encontrada no fenômeno da resistência, quando a verdade dolorosa ameaça vir à tona: em atos falhos, em expressões estranhas, em estado de transe, ou em casos em que uma pessoa diz algo, de passagem, que é exatamente o oposto daquilo que ele ou ela sempre afirmou acreditar, e então parece esquecer isso um minuto depois. De fato, grande parte da nossa energia é usada para esconder de nós próprios o que sabemos, e o grau desse conhecimento reprimido dificilmente pode ser superestimado. Uma lenda talmúdica expressou esse conceito de repressão da verdade de forma poética: quando uma criança nasce, um anjo toca a sua cabeça para que ela se esqueça do conhecimento da verdade que possui naquele momento. Se a criança não esquecesse, sua vida se tornaria insuportável.

Voltando à nossa tese principal: o ser se refere ao real, em contraste com uma imagem falsificada e ilusória. Nesse sentido, qualquer tentativa de aumentar a parcela do ser significa uma maior compreensão da realidade de si mesmo, dos outros, do mundo que nos rodeia. Os principais objetivos éticos do judaísmo e do cristianismo – superar a ganância e o ódio – não podem ser realizados sem outro fator que é central no budismo e que também desempenha um papel no judaísmo e no cristianismo: o caminho para o ser é penetrar através da superfície e ter *insights* sobre a realidade.

A vontade de se doar, compartilhar e se sacrificar

Na sociedade contemporânea, presume-se que a existência no modo do ter esteja enraizada na natureza humana e, portanto, seja virtualmente imutável. A mesma ideia é expressa no dogma de que as pessoas são basicamente preguiçosas, passivas por natureza, e que não querem trabalhar ou fazer qualquer outra coisa a menos que sejam movidas pelo incentivo do ganho material... ou pela fome... ou pelo medo da punição. Quase ninguém duvida desse dogma, e ele determina os nossos métodos de educação e de trabalho. Mas isso é pouco mais do que uma expressão do desejo de provar o valor dos nossos arranjos sociais, imputando a eles a ideia de que seguem as necessidades da natureza humana. Para os membros de muitas sociedades diferentes, tanto do passado como do presente, o conceito de egoísmo e preguiça humanos inatos pareceria tão fantástico quanto o inverso nos parece.

A verdade é que tanto o modo de existência do ter quanto o do ser são potencialidades da natureza humana, e o nosso desejo biológico de sobrevivência tende a promover o modo do ter, mas o egoísmo e a preguiça não são as únicas propensões inerentes aos seres humanos.

Nós, seres humanos, temos um desejo inerente e profundamente enraizado de ser: de expressar as nossas faculdades, de ser ativos, de nos relacionarmos com os outros, de escapar da cela da prisão do egoísmo. A veracidade dessa afirmação é comprovada por tantas evidências que um volume inteiro poderia facilmente ser preenchido com elas. D. O. Hebb formulou a essência do problema da forma mais geral, afirmando que *o único problema comportamental é explicar a inatividade, não a atividade.* Os seguintes dados são evidências para essa tese geral:[22]

1. Dados sobre o comportamento animal. Experimentos e observação direta mostram que muitas espécies realizam tarefas difíceis com prazer, mesmo quando nenhuma recompensa material é oferecida.
2. Experimentos neurofisiológicos demonstram a atividade inerente às células nervosas.
3. Comportamento infantil. Estudos recentes mostram a capacidade e a necessidade de bebês pequenos de responderem ativamente a estímulos complicados – resultados que contrastam com a suposição de Freud de que o bebê vivencia o estímulo externo como uma ameaça e que mobiliza sua agressividade para removê-la.
4. Comportamento de aprendizagem. Muitos estudos mostram que crianças e adolescentes são preguiçosos porque o material didático lhes é apresentado de uma forma seca e morta, incapaz de despertar interesse genuíno; se a pressão e o tédio forem eliminados e o material for apresentado de forma viva, mobilizam-se atividades e iniciativas notáveis.
5. Comportamento no trabalho. A experiência clássica de E. Mayo mostrou que mesmo o trabalho que em si é enfadonho se torna interessante se os trabalhadores sabem que estão participando de uma

---

22 Abordei algumas dessas evidências em *A anatomia da destrutividade humana*.

experiência conduzida por uma pessoa viva e talentosa, que tem a capacidade de despertar a sua curiosidade e a sua participação. O mesmo foi demonstrado em diversas fábricas na Europa e nos Estados Unidos. O estereótipo dos gestores sobre os trabalhadores é: os trabalhadores não estão realmente interessados na participação ativa; tudo o que desejam são salários mais elevados, pelo que a partilha de lucros pode ser um incentivo para uma maior produtividade do trabalho, mas não para a participação dos trabalhadores. Embora os gestores tenham razão no que diz respeito aos métodos de trabalho que oferecem, a experiência tem demonstrado – convencendo não poucos gestores – que se os trabalhadores puderem ser verdadeiramente ativos, responsáveis e conhecedores do seu papel de trabalho, os anteriormente desinteressados mudam consideravelmente e mostram um notável grau de inventividade, atividade, imaginação e satisfação.[23]

6. A riqueza de dados que podemos encontrar na vida social e política. É notoriamente errada a crença de que as pessoas não querem fazer sacrifícios. Quando, no início da Segunda Guerra Mundial, Churchill anunciou que o que tinha de exigir dos britânicos era sangue, suor e lágrimas, isso não os deteve, mas, pelo contrário, apelou ao seu arraigado desejo humano de fazer sacrifícios, de doar-se. A reação dos britânicos – e também a dos alemães e a dos russos – ao bombardeamento indiscriminado de centros populacionais pelos beligerantes prova que o sofrimento comum não enfraquece o seu

---

[23] Em seu livro *The Gamesman: The New Corporate Leaders* [O jogador: os novos líderes corporativos] (que tive o privilégio de ler em manuscrito), Michael Maccoby menciona alguns recentes projetos participativos democráticos, especialmente a sua própria investigação no Projeto Bolívar. Bolívar é tratado nos documentos de trabalho desse projeto e será objeto, junto com outro projeto, de um trabalho maior que Maccoby está planejando atualmente.

espírito, mas reforça a resistência, e prova que estavam errados aqueles que acreditavam que bombardeios terroristas poderiam quebrar o moral do inimigo e ajudar a acabar com a guerra.

No entanto, é uma constatação triste sobre a nossa civilização que a guerra e o sofrimento, em vez da vida em tempos de paz, possam mobilizar a disponibilidade humana para fazer sacrifícios, e que os tempos de paz pareçam principalmente encorajar o egoísmo. Felizmente, existem situações em tempos de paz em que os esforços humanos de doação e solidariedade se manifestam no comportamento individual. Greves de trabalhadores, especialmente até o período da Primeira Guerra Mundial, são um exemplo desse comportamento essencialmente não violento. Os trabalhadores buscavam salários mais elevados, mas, ao mesmo tempo, arriscavam-se e enfrentavam grandes dificuldades para lutar pela própria dignidade e pela satisfação de experimentar a solidariedade humana. A greve foi um fenômeno tanto "religioso" quanto econômico. Embora essas greves ocorram ainda hoje, a maioria das greves atuais se dá por razões econômicas, ainda que as greves por melhores condições de trabalho tenham aumentado recentemente.

A necessidade de se doar e de partilhar e a vontade de fazer sacrifícios pelos outros ainda são encontradas entre os membros de certas profissões, como enfermeiros, médicos, monges e freiras. O objetivo de ajudar e se sacrificar é defendido apenas da boca para fora por muitos, se não pela maioria, desses profissionais; no entanto, o caráter de um bom número corresponde aos valores que professam. Encontramos as mesmas necessidades afirmadas e expressas em muitas comunas ao longo dos séculos, sejam elas religiosas, socialistas ou humanistas. Encontramos o desejo de se doar em pessoas que oferecem o próprio sangue (sem nada em troca), nas muitas situações em que as pessoas arriscam a vida para salvar a de outrem. Encontramos a manifestação da vontade de se doar nas pessoas que amam genuinamente. O "falso amor", isto é, o egoísmo mútuo partilhado, torna as pessoas mais egoístas (e, com bastante frequência, esse é o caso). O amor genuíno aumenta a capacidade de amar e de se doar aos outros. No seu amor por uma pessoa específica, o verdadeiro amante ama o mundo inteiro.[24]

Contudo, descobrimos que não são poucas as pessoas, especialmente entre as mais jovens, que não suportam o luxo e o egoísmo que as rodeiam nas suas famílias ricas. Contrariando as expectativas dos mais velhos, que pensam que os filhos "têm tudo o que desejam", rebelam-se contra a morte e o isolamento das suas vidas. Pois a verdade é que eles não têm tudo o que desejam e desejam o que não têm.

Exemplos notáveis de tais pessoas na história são os filhos e filhas dos ricos do Império Romano, que abraçaram a religião da pobreza e do amor; outro é o Buda, que era um príncipe e tinha todos os prazeres e luxos que poderia desejar, mas descobriu que ter e consumir causa infelicidade e sofrimento. Um exemplo mais recente (segunda metade do século 19) são os filhos e filhas da classe alta russa, os *Narodniki*. Sem conseguir mais suportar a vida de ociosidade e injustiça em que nasceram, esses jovens deixaram as suas famílias e se juntaram aos camponeses pobres, vivendo com eles e ajudando a lançar uma das bases da luta revolucionária na Rússia.

---

24 Uma das fontes mais importantes para a compreensão do impulso humano natural de se doar e compartilhar é o clássico de P. A. Kropotkin, *Apoio mútuo: um fator de evolução* (1902). Duas outras obras importantes são *The Gift Relationship: From Human Blood to Social Policy* [A relação de doação: do sangue humano à política social], de Richard Titmuss (no qual o autor aborda as manifestações do desejo das pessoas de se doar e sublinha que o nosso sistema econômico impede as pessoas de exercerem livremente esse direito), e Edmund S. Phelps (org.), *Altruism, Morality, and Economic Theory* [Altruísmo, moralidade e teoria econômica].

Podemos testemunhar um fenômeno semelhante entre os filhos e filhas dos ricos nos Estados Unidos e na Alemanha, que consideram aborrecida e sem sentido a vida no seu rico ambiente familiar. Mas, mais do que isso, consideram insuportável a insensibilidade do mundo para com os pobres e com o acercamento de uma guerra nuclear em prol do egoísmo individual. Assim, afastam-se do ambiente doméstico em busca de um novo estilo de vida – e permanecem insatisfeitos porque nenhum esforço construtivo parece ser a solução. Muitos deles eram originalmente os mais idealistas e sensíveis da geração jovem; mas, neste momento, carentes de tradição, maturidade, experiência e sabedoria política, ficam desesperados, superestimam narcisicamente as suas próprias capacidades e possibilidades e tentam alcançar o impossível através do uso da força. Eles formam os assim chamados grupos revolucionários e esperam salvar o mundo com atos de terror e destruição, sem perceber que estão apenas contribuindo para a tendência geral de violência e desumanidade. Perderam a capacidade de amar, substituindo-a pelo desejo de sacrificar as suas vidas. (O autossacrifício é frequentemente a solução para indivíduos que ardentemente desejam amar, mas, tendo perdido a capacidade de amar, enxergam no sacrifício da própria vida uma experiência de amor no mais alto grau.) Mas esses jovens que se autossacrificam são muito diferentes de mártires que amam, que querem viver porque amam a vida e que só aceitam a morte quando são obrigados a morrer para não se traírem. Nossos jovens abnegados de hoje são os acusados, mas também os acusadores, ao demonstrarem que, no nosso sistema social, alguns dos melhores jovens ficam tão isolados e sem esperança que nada mais que a destruição e o fanatismo são propostos como um caminho para longe do próprio desespero.

O desejo humano de vivenciar a união com os outros está enraizado nas condições específicas de existência que caracterizam a espécie humana, sendo um dos mais fortes motivadores do comportamento humano. Pela combinação de determinação instintiva mínima e o desenvolvimento máximo da capacidade de razão, nós, seres humanos, perdemos nossa unidade original com a natureza. Para não nos sentirmos totalmente isolados – o que, de fato, nos condenaria à loucura –, precisamos encontrar uma nova unidade: com os demais seres vivos e com a natureza. Essa necessidade humana de unidade com os outros é experimentada de muitas maneiras: no vínculo simbiótico com a mãe, um ídolo, uma tribo, uma nação, uma classe, uma religião, uma fraternidade, uma organização profissional. É claro que, muitas vezes, esses laços se sobrepõem e muitas vezes assumem uma forma extática, como entre membros de certas seitas religiosas ou de uma multidão de linchadores, ou nas explosões de histeria nacional em caso de guerra. A eclosão da Primeira Guerra Mundial, por exemplo, ocasionou uma das mais drásticas dessas formas extáticas de "união". De repente, de um dia para o outro, as pessoas abriram mão de longevas convicções de pacifismo, antimilitarismo e socialismo; os cientistas jogaram fora seu treinamento vitalício em objetividade, pensamento crítico e imparcialidade para se juntarem ao grande *Nós*.

O desejo de vivenciar a união com os outros se manifesta no tipo de comportamento mais inferior, isto é, em atos de sadismo e destruição, bem como no mais elevado: a solidariedade com base num ideal ou convicção. Ele é também a principal causa da necessidade de adaptação; os seres humanos têm mais medo de serem excluídos do que de morrer. Crucial para cada sociedade é o tipo de união e solidariedade que ela promove e, nas condições postas pela estrutura socioeconômica, o tipo que pode vir a promover.

Essas considerações parecem indicar que ambas as tendências estão presentes nos seres humanos: uma, a de *ter* – de possuir –, que em última análise deve sua força ao fator biológico do desejo de sobrevivência;

a outra, a de *ser* – compartilhar, se doar, se sacrificar –, que deve sua força às condições específicas da existência humana e à necessidade inerente de superar o isolamento pela unidade com os outros. A partir desses dois esforços contraditórios em cada ser humano, segue-se que a estrutura social, com seus valores e normas, decide qual dos dois se torna dominante. As culturas que promovem a ganância pela posse, e, portanto, o modo de existência do ter, estão enraizadas num potencial humano; culturas que promovem o ser e a partilha estão enraizadas no outro potencial. Devemos decidir qual desses dois potenciais queremos cultivar, percebendo, no entanto, que a nossa decisão é em grande parte determinada pela estrutura socioeconômica da nossa sociedade, que nos inclina para uma ou outra solução.

A partir das minhas observações no campo do comportamento grupal, meu melhor palpite é que os dois grupos extremos, manifestando respectivamente tipos de ter e de ser profundamente arraigados e quase inalteráveis, formam uma pequena minoria; que na grande maioria ambas as possibilidades são reais, e qual das duas se torna dominante e qual é reprimida depende de fatores ambientais.

Essa suposição contradiz um dogma psicanalítico amplamente difundido: o de que o ambiente produz mudanças essenciais no desenvolvimento da personalidade na primeira infância, mas que após esse período o caráter é fixo e dificilmente alterado por eventos externos. Esse dogma psicanalítico tem sido capaz de ganhar aceitação porque as condições básicas da infância continuam na vida adulta da maioria das pessoas, uma vez que, em geral, as mesmas condições sociais continuam a existir. Mas existem numerosos casos em que uma mudança drástica no ambiente leva a uma mudança fundamental no comportamento, isto é, quando as forças negativas deixam de ser alimentadas e as forças positivas são nutridas e encorajadas.

Em suma, a frequência e a intensidade do desejo de compartilhar, de se doar e de se sacrificar não surpreendem se considerarmos as condições de existência da espécie humana. O que é surpreendente é que essa necessidade possa ser tão reprimida que os atos de egoísmo se tornem a regra nas sociedades industriais (e em muitas outras) e os atos de solidariedade sejam a exceção. Mas, paradoxalmente, esse mesmo fenômeno é causado pela necessidade de união. Uma sociedade cujos princípios são a aquisição, o lucro e a propriedade produz um caráter social orientado em torno do ter, e, uma vez estabelecido o padrão dominante, ninguém quer ser um estranho, ou mesmo um pária; para evitar esse risco, todos se adaptam à maioria, que tem em comum apenas o seu antagonismo mútuo.

Como consequência da atitude dominante de egoísmo, os líderes da nossa sociedade acreditam que as pessoas só podem ser motivadas pela expectativa de vantagens materiais, ou seja, por recompensas, e que não reagirão aos apelos à solidariedade e ao sacrifício. Assim, exceto em tempos de guerra, tais apelos raramente são feitos, e as oportunidades de observar os possíveis resultados deles são perdidas.

Somente uma estrutura socioeconômica radicalmente diferente e uma imagem radicalmente diferente da natureza humana poderiam mostrar que o suborno não é a única (ou a melhor) maneira de influenciar as pessoas.

6. Outros aspectos do ter e do ser

Segurança – Insegurança

Não seguir em frente, ficar onde estamos, regredir – ou seja, confiar no que já se tem garantido – é muito tentador, pois conhecemos o que *temos*; podemos nos agarrar a isso, sentir segurança a partir disso. Sentimos medo e, consequentemente, evitamos dar um passo em direção ao desconhecido, ao incerto; pois, de fato, embora o *passo* possa não nos parecer arriscado *depois* de o termos dado, *antes* de darmos esse passo, os novos aspectos que vão além dele parecem muito arriscados e, portanto, assustadores. Somente o velho, o já experimentado, é seguro; ou assim parece. Cada novo passo contém o perigo do fracasso, e essa é uma das razões pelas quais as pessoas têm tanto medo da liberdade.[25]

É natural que, em cada estado de vida, o antigo e o já experimentado sejam diferentes. Quando crianças, temos apenas o nosso corpo e o seio

---
25 Esse é o assunto central em *O medo da liberdade*.

de nossa mãe (originalmente ainda indiferenciados). Então começamos a nos orientar para o mundo, iniciando o processo de construção nele de um lugar para nós mesmos. Começamos a querer *ter* coisas: *temos* mãe, pai, irmãos e irmãs, brinquedos; mais tarde *adquirimos* conhecimento, um emprego, uma posição social, um cônjuge, filhos e filhas, e então já *temos* uma espécie de vida após a morte, quando adquirimos um cemitério e um seguro de vida e fazemos o nosso "testamento".

No entanto, apesar da segurança de ter, as pessoas admiram aqueles com uma visão do novo, que abrem novos caminhos, que têm coragem de seguir em frente. Na mitologia, esse modo de existência é representado simbolicamente pelo herói. Os heróis são aqueles que têm a coragem de deixar o que têm – terra, família, propriedades – e partir, não sem medo, mas sem sucumbir ao medo. Na tradição budista, o Buda é o herói que abandona todas as posses, todas as certezas contidas na teologia hindu – sua posição, sua família – e passa para uma vida de desapego. Abraão e Moisés são heróis na tradição judaica. O herói cristão é Jesus, que nada tinha e – aos olhos do mundo – nada é, mas que age na plenitude do seu amor por todos os seres humanos. Os gregos têm heróis seculares, cujo objetivo é a vitória, a satisfação do seu orgulho, a conquista. No entanto, tal como os heróis espirituais, Hércules e Ulisses avançam sem se deixar intimidar pelos riscos e perigos que os aguardam. Os heróis dos contos de fadas atendem aos mesmos critérios: partir, seguir em frente e tolerar a incerteza.

Admiramos esses heróis porque sentimos profundamente que eles são o que gostaríamos de ser, se pudéssemos. Mas, tendo medo, acreditamos que não conseguimos ser daquele jeito, que só os heróis conseguem. Os heróis se tornam ídolos; transferimos para eles a nossa própria capacidade de nos movermos e depois permanecemos onde estamos – "porque não somos heróis".

Essa discussão pode parecer implicar que, embora ser um herói seja desejável, é uma tolice, algo que age contra os interesses da própria pessoa. De forma alguma é assim. Pessoas cautelosas, do modo do ter, apreciam a segurança, mas são necessariamente muito inseguras. Elas dependem do que têm: dinheiro, prestígio, o ego – isto é, de algo que está fora delas. Mas o que acontece se elas perderem o que têm? Pois, de fato, tudo o que se tem pode ser perdido. Mais obviamente, a propriedade de uma pessoa pode ser perdida – e com ela geralmente sua posição, seus amigos –, e a qualquer momento a pessoa pode (e mais cedo ou mais tarde estará fadada a) perder a vida.

Se sou o que tenho e se o que tenho se perde, quem sou então? Ninguém além de um testemunho derrotado, desanimado e patético de um jeito errado de viver. Como *posso* perder o que tenho, estou necessária e constantemente preocupado com a *possibilidade* de perder o que tenho. Tenho medo de ladrões, mudanças econômicas, revoluções, de doenças e morte, e tenho medo do amor, da liberdade, do crescimento, da mudança, do desconhecido. Assim, fico continuamente preocupado, sofrendo de uma hipocondria crônica, aborrecido não só com a perda da saúde, mas com qualquer outra perda do que tenho; fico na defensiva, rígido, desconfiado, solitário, movido pela necessidade de ter mais para estar mais bem protegido. Ibsen deu uma bela descrição dessa pessoa egocêntrica no seu *Peer Gynt*. O herói está cheio apenas de si mesmo; no seu egoísmo extremo, ele acredita já ser *ele mesmo*, porque *ele* é um "feixe de desejos". No final da sua vida, ele reconhece que, devido à sua existência estruturada em propriedades, não conseguiu ser ele mesmo, que é como uma cebola sem núcleo, um homem inacabado, que nunca foi ele mesmo.

A ansiedade e a insegurança geradas pelo perigo de perder o que se tem estão ausentes no modo do ser. Se *eu sou quem eu sou*, e não o que tenho, ninguém pode privar-me ou ameaçar minha segurança e meu sentido de identidade. Meu centro está dentro de mim mesmo; minha capacidade de ser e de expressar meus poderes essenciais faz parte da minha estrutura de caráter e depende de mim. Isso é válido para o processo normal de vida, e não, é claro, para circunstâncias como doenças incapacitantes, tortura ou outros casos de restrições externas poderosas.

Embora o ter se baseie em algo que diminui com o uso, o ser cresce com a prática. (A "sarça ardente" não consumida é o símbolo bíblico desse paradoxo.) Os poderes da razão, do amor, da criação artística e intelectual, todos os poderes essenciais crescem através do processo de serem expressos. O que se gasta não se perde; pelo contrário, o que se guarda se perde. A única ameaça à minha segurança em ser reside em mim mesmo: na falta de fé na vida e nas minhas forças produtivas; em tendências regressivas; na preguiça interior e na vontade de que outros assumam o controle da minha vida. Mas esses perigos não são *inerentes* ao ser do modo como o perigo de perder é inerente ao ter.

Solidariedade – Antagonismo

A experiência de amar, gostar, desfrutar de algo sem querer *tê-lo* é aquela a que Suzuki se referiu ao contrastar os poemas japoneses e ingleses (ver Capítulo 1). Na verdade, não é fácil para o homem ocidental moderno experimentar o prazer separado do ter. No entanto, também não é totalmente estranho para nós. O exemplo da flor de Suzuki não se aplicaria se, em vez de olhar para a flor, o andarilho olhasse para uma montanha, um prado ou qualquer coisa que não pudesse ser fisicamente retirada. Na verdade, muitas pessoas, até mesmo a maioria, não *enxergariam* de fato a montanha, a não ser como um clichê; em vez de *enxergá-la*, procurariam conhecer seu nome e sua altura – ou poderiam querer escalá-la, o que pode ser outra forma de tomar posse dela. Mas alguns podem de fato enxergar a montanha e apreciá-la. O mesmo pode ser dito em relação à apreciação de obras musicais: isto é, comprar uma gravação de uma música que amamos pode ser um ato de posse da obra, e talvez a maioria das pessoas que gosta de arte de fato a "consuma"; mas uma minoria provavelmente ainda responde à música e à arte com alegria genuína e sem qualquer impulso de "tê-la".

Às vezes é possível ler as respostas das pessoas em suas expressões faciais. Assisti recentemente a um filme de televisão sobre os extraordinários acrobatas e malabaristas do circo chinês, durante o qual a câmera enquadrava repetidamente o público para registrar a resposta dos indivíduos na multidão. A maioria dos rostos se iluminava, ganhava vida e beleza em resposta à *performance* graciosa e viva. Apenas uma minoria parecia fria e indiferente.

Outro exemplo de desfrutar sem querer possuir pode ser facilmente visto na nossa resposta a crianças pequenas. Também aqui suspeito que ocorre uma grande quantidade de comportamento autoenganador, pois gostamos de nos ver no papel de pessoas que gostam de crianças. Mas mesmo que possa haver motivos para suspeita, acredito que não são de todo raras as respostas genuínas e vivas a bebês. Em parte, pode ser assim porque, em contraste com seus sentimentos em relação a adolescentes e adultos, a maioria das pessoas não tem medo das crianças, sentindo-se livre para responder-lhes amorosamente, o que não podemos fazer se o medo estiver no nosso caminho.

O exemplo mais relevante de prazer sem o desejo de ter o que se desfruta pode ser encontrado nas relações interpessoais. Um homem e uma mulher podem desfrutar um do outro por vários motivos; cada um pode gostar das atitudes, gostos, ideias, temperamento ou personalidade do outro. No entanto, apenas naqueles que necessitam *ter* aquilo de que gostam é que esse prazer mútuo resultará habitualmente no desejo de posse sexual. Para aqueles que estão predominantemente no modo do ser, a outra pessoa é agradável, e até mesmo eroticamente atraente, mas ela ou ele não precisa ser "arrancado", para usar os termos do poema de Tennyson, para ser apreciado.

Pessoas centradas no ter desejam *ter* a pessoa de quem gostam ou admiram. Isso pode ser visto nas relações entre pais e filhos, entre professores e alunos e entre amigos. Nenhum dos parceiros fica satisfeito simplesmente em desfrutar a outra pessoa; cada um deseja ter a outra pessoa para si. Assim, cada um tem ciúmes de quem também quer "ter" o outro. Cada parceiro procura o outro como um náufrago procura uma prancha – para sobreviver. Predominantemente, relacionamentos no modo do "ter" são pesados, sobrecarregados, cheios de conflitos e ciúmes.

Falando de forma mais geral, competição, antagonismo e medo são os elementos fundamentais na relação entre indivíduos no modo de existência do ter. O caráter antagônico no relacionamento decorre de sua natureza. Se ter é a base do meu sentido de identidade porque "eu sou o que tenho", o desejo de ter deve levar ao desejo de ter muito, de ter mais, de ter o máximo. Em outras palavras, a *ganância* é o resultado natural da orientação para o ter. Pode ser a ganância do avarento ou a ganância do caçador de lucros, a ganância do mulherengo ou a da caçadora de homens. Qualquer que seja o tipo, o ganancioso nunca conseguirá ter o bastante, nunca poderá ser "satisfeito". Em contraste com necessidades fisiológicas como a fome, que têm pontos de saciedade definidos devido à fisiologia do corpo, a ganância *mental* – e toda a ganância é mental, mesmo que seja satisfeita através do corpo – não tem ponto de saciedade, uma vez que a sua consumação não preenche o vazio interior, o tédio, a solidão e a depressão que pretende superar. Além disso, uma vez que o que se tem pode ser tirado de uma forma ou de outra, é preciso ter mais, a fim de fortalecer a própria existência contra tal perigo. Se todos querem ter mais, todos devem temer a intenção agressiva do vizinho de tirar o que se tem. Para evitar tal ataque, é preciso se tornar mais poderoso e preventivamente agressivo. Além disso, como a produção, por maior que seja, nunca consegue acompanhar os desejos *ilimitados*, deve haver competição e antagonismo entre os indivíduos na luta para obter o máximo. E o conflito continuaria mesmo que pudesse se chegar a um estado de abundância absoluta; aqueles que têm menos saúde física e atratividade, dons e talentos invejariam amargamente aqueles que têm "mais".

Que o modo do ter e a ganância dele resultante levem necessariamente ao antagonismo e ao conflito interpessoal é verdade tanto para as nações quanto para os indivíduos. Enquanto as nações forem compostas por pessoas cuja principal motivação é o ter e a ganância, elas não poderão deixar de travar guerras. Elas necessariamente cobiçam o que outra nação tem e tentam conseguir o que querem através da guerra, da pressão econômica ou de ameaças. Em primeiro lugar, usarão esses procedimentos contra as nações mais fracas, e formarão alianças que serão mais fortes do que a nação que será atacada. Mesmo que tenha apenas uma chance razoável de vencer, uma nação travará uma guerra não porque sofre economicamente, mas porque o desejo de ter mais e de conquistar está profundamente enraizado no caráter social.

Claro que há tempos de paz. Mas é preciso distinguir entre a paz duradoura e a paz que é um fenômeno transitório, um período de reunião de forças, de reconstrução da indústria e do exército – em outras palavras, entre a paz que é um estado permanente de harmonia e a paz que é, em essência, só uma trégua. Embora os séculos 19 e 20 tenham tido períodos de trégua, eles se caracterizam por um estado de guerra crônica entre os principais intervenientes na cena histórica. A paz como um estado de relações harmoniosas e duradouras entre as nações só é possível quando a estrutura do ter é substituída pela estrutura do ser. A ideia de que se pode construir a paz ao mesmo tempo que se encoraja a luta pela posse e pelo lucro é uma ilusão, e uma ilusão perigosa, porque priva as pessoas de reconhecerem que estão diante com uma alternativa clara: ou uma mudança radical do seu caráter ou a perpetuidade da guerra. De fato, uma alternativa antiga; os líderes escolheram a guerra e o povo os seguiu. Hoje e amanhã, com o incrível aumento da capacidade destrutiva das novas armas, a alternativa já não é a guerra – mas o suicídio mútuo.

O que é válido para as guerras internacionais é igualmente verdadeiro para a guerra de classes. A guerra entre classes, essencialmente entre exploradores e explorados, existe desde sempre em sociedades que se baseiam no princípio da ganância. Não houve guerra de classes onde não existiu necessidade ou possibilidade de exploração, nem um caráter social ganancioso. Mas é inevitável que existam classes em qualquer sociedade, mesmo nas mais ricas, nas quais o modo do ter é dominante. Como já foi observado, dados os desejos ilimitados, mesmo a maior produção não consegue acompanhar a fantasia de todos de ter mais do que os seus vizinhos. Necessariamente, as pessoas que são mais fortes, mais inteligentes ou mais favorecidas por outras circunstâncias tentarão estabelecer uma posição favorecida para si próprios e tentarão tirar vantagem daquelas que são menos poderosas, seja pela força e violência, seja por sugestão. As classes oprimidas derrubarão seus governantes, e assim por diante; a luta de classes talvez possa se tornar menos violenta, mas não vai desaparecer enquanto a ganância dominar o coração humano. A ideia de uma sociedade sem classes num mundo dito socialista cheio do espírito de ganância é tão ilusória – e perigosa – como a ideia de paz permanente entre nações gananciosas.

No modo do ser, o ter privado (propriedade privada) tem pouca importância afetiva, pois não preciso possuir algo para desfrutá-lo, ou mesmo para usá-lo. No modo do ser, mais de uma pessoa – na verdade milhões de pessoas – pode participar do usufruto de um mesmo objeto, uma vez que ninguém precisa – ou quer – *tê-lo* como condição para desfrutá-lo. Isso não só evita conflitos; cria uma das formas mais profundas de felicidade humana: o prazer compartilhado. Nada une mais as pessoas (sem restringir sua individualidade) do que compartilhar sua admiração e amor por uma pessoa; compartilhar uma ideia, uma peça musical, uma pintura, um símbolo; compartilhar um ritual – e compartilhar tristezas. A experiência de compartilhar torna e mantém viva a relação entre dois indivíduos; é a base de todos os grandes movimentos religiosos, políticos e filosóficos. É claro que isso só é verdade enquanto e na medida em que os indivíduos amam ou admiram genuinamente. Quando os movimentos religiosos e políticos se ossificam, quando a burocracia administra o povo por meio de sugestões e ameaças, o compartilhamento cessa.

Embora a natureza tenha concebido, por assim dizer, o protótipo – ou talvez o símbolo – do prazer compartilhado no ato sexual, empiricamente o ato sexual não é necessariamente um prazer compartilhado; os parceiros são com frequência tão narcisistas, egocêntricos e possessivos que só se pode falar de prazer simultâneo, mas não de prazer compartilhado.

Em outro aspecto, contudo, a natureza oferece um símbolo menos ambíguo para a distinção entre ter e ser. A ereção do pênis é totalmente funcional. O homem não *tem* uma ereção como propriedade ou qualidade permanente (embora ninguém saiba se algum homem deseja *ter* uma assim). O pênis está em estado de ereção enquanto o homem estiver em estado de excitação, enquanto desejar a pessoa que despertou sua excitação. Se por uma razão ou outra algo interfere nessa excitação, o homem não *tem* nada. E, em contraste com praticamente todos os outros tipos de comportamento, não é possível fingir uma ereção. George Groddeck, um dos psicanalistas mais notáveis, embora relativamente pouco conhecido, costumava comentar que um homem, afinal, é um homem apenas por alguns minutos; na maioria das vezes ele é um garotinho. É claro que Groddeck não quis dizer que um homem se torna um menino de todo o seu ser, mas sim, precisamente, naquele aspecto que para muitos homens é a prova de que ele é um homem. (Veja o artigo que escrevi sobre "Sex and Character" (1943) [Sexo e caráter].)

Alegria – Prazer

Mestre Eckhart ensinou que a vivacidade conduz à *alegria*. O leitor moderno tende a não prestar muita atenção à palavra "alegria", lendo-a como se Eckhart tivesse escrito "prazer". No entanto, a distinção entre alegria e prazer é crucial, particularmente no que se refere à distinção entre os modos do ser e do ter. Não é fácil perceber a diferença, uma vez que vivemos num mundo de "prazeres sem alegria".

O que é prazer? Embora a palavra seja usada de diferentes maneiras, considerando seu uso no pensamento popular, ela parece mais bem definida como a satisfação de um desejo que não requer atividade (no sentido de vivacidade) para ser satisfeito. Esse prazer pode ser de alta intensidade: o prazer de ter sucesso social, de ganhar mais dinheiro, de ganhar na loteria; o prazer sexual convencional; comer o quanto quiser; vencer uma corrida; o estado de euforia provocado pela bebida, pelo transe, pelas drogas; o prazer de satisfazer o sadismo ou a paixão de matar ou desmembrar o que está vivo.

É claro que, para se tornarem ricos ou famosos, os indivíduos devem ser muito ativos no sentido de ocupação, mas não no sentido de "nascerem dentro de si". Quando eles atingem uma meta, podem se sentir "emocionados", "intensamente satisfeitos", que atingiram um "pico". Mas que pico? Talvez um pico de excitação, de satisfação, de estado de transe ou orgiástico. Mas eles podem ter atingido esse estado movidos por paixões que, embora humanas, são, no entanto, patológicas, na medida em que não conduzem a uma solução intrinsecamente adequada da condição humana. Tais paixões não levam a maior crescimento e força humana; levam, ao contrário, à debilitação. Os prazeres dos hedonistas radicais; a satisfação de cupidezes sempre novas; os prazeres da sociedade contemporânea produzem diferentes graus de *excitação*. Mas não conduzem à alegria. Na verdade, a falta de alegria torna necessária a busca de prazeres sempre novos e cada vez mais excitantes.

A esse respeito, a sociedade moderna está na mesma posição que os hebreus estavam há três mil anos. Falando ao povo de Israel sobre um dos piores de seus pecados, Moisés disse: "vocês não serviram com *júbilo* e *alegria* ao Senhor, ao seu Deus, na época da prosperidade" (Deuteronômio 28:47). A alegria é concomitante à atividade produtiva. Não é uma "experiência de pico", que culmina e termina repentinamente, mas sim um platô, um estado de sentimento que acompanha a expressão produtiva das faculdades humanas essenciais. A alegria não é o fogo extático do momento – é o brilho que acompanha o ser.

Prazer e emoção conduzem à tristeza depois que o chamado pico é alcançado; pois a emoção foi experimentada, mas o vaso não aumentou. Os poderes internos não aumentaram. Fez-se uma tentativa de romper o tédio da atividade improdutiva e, por um momento, unificaram-se todas as energias – exceto a razão e o amor. Alguém tentou se tornar super-humano sem ser humano. Pode parecer que, no momento do triunfo, houve êxito, mas o triunfo é seguido de uma tristeza profunda: nada mudou dentro de si. O dito "Depois da relação sexual o animal fica triste" ("*Post coitum animal triste est*") expressa o mesmo fenômeno em relação ao sexo sem amor, que é uma "experiência máxima" de intensa excitação, portanto emocionante e prazerosa, e necessariamente seguida pela decepção em seu final. A alegria no sexo só é experimentada quando a intimidade física é ao mesmo tempo a intimidade do amor.

Como é de se esperar, a alegria deve desempenhar um papel central nos sistemas religiosos e filosóficos que proclamam o *ser* como a meta da vida. Embora rejeite o prazer, o budismo concebe o estado de nirvana como um estado de alegria, que se manifesta nos relatos e imagens da morte do Buda. (Estou grato ao falecido D. T. Suzuki por me ter apontado isso numa famosa imagem da morte do Buda.)

O Antigo Testamento e a tradição judaica posterior, embora advirtam contra os prazeres que brotam da satisfação da cupidez, enxergam na alegria o estado de espírito que acompanha o ser. O Livro dos Salmos termina com o grupo de quinze salmos que constituem um grande hino de alegria, e a dinâmica dos salmos começa com medo e tristeza e termina com alegria e júbilo.[26] O Shabat é o dia de alegria, e no Tempo Messiânico a alegria será o clima predominante. A literatura profética está repleta de expressões de alegria em passagens como: "Então as moças dançarão de alegria, como também os jovens e os velhos. Transformarei o lamento deles em júbilo; eu lhes darei consolo e alegria em vez de tristeza" (Jeremias 31:13) e "Com alegria vocês tirarão água das fontes da salvação" (Isaías 12:3). Deus chama Jerusalém de "a cidade da alegria" (Jeremias 49:25).

Encontramos a mesma ênfase no Talmud: "A alegria de um *mitsvá* [o cumprimento de um dever religioso] é a única maneira de obter o

---

26 Eu analisei esses salmos em *You Shall Be as Gods* [Sereis como deuses].

espírito santo" (Berakoth 31a). A alegria é considerada tão fundamental que, segundo a lei talmúdica, o luto por um parente próximo, cuja morte ocorreu há menos de uma semana, deve ser interrompido pela alegria do Shabat.

O movimento hassídico, cujo lema – "Servir a Deus com alegria" – era um versículo dos salmos, criou uma forma de vida em que a alegria era um dos elementos marcantes. Tristeza e depressão eram consideradas sinais de erro espiritual, se não de pecado total.

No desenvolvimento cristão, até mesmo o nome Evangelho – boas-novas – mostra o lugar central da alegria e do júbilo. No Novo Testamento, a alegria é o fruto de abrir mão de ter, enquanto a tristeza é o humor de quem se apega aos bens. (Veja, por exemplo, Mateus 13:44 e 19:22.) Em muitas das declarações de Jesus, a alegria é concebida como concomitante de viver no modo do ser. No seu último discurso aos Apóstolos, Jesus fala da alegria na forma final: "Tenho lhes dito estas palavras para que a minha alegria esteja em vocês e a alegria de vocês seja completa" (João 15:11).

Como indicado anteriormente, a alegria também desempenha um papel supremo no pensamento do Mestre Eckhart. Aqui, usando as palavras dele, vai uma das mais belas e poéticas expressões da ideia do poder criativo do riso e da alegria: "Quando Deus ri da alma e a alma ri de Deus, as pessoas da Trindade são geradas. Falando em hipérbole, quando o Pai ri para o filho e o filho ri de volta para o Pai, esse riso dá prazer, esse prazer dá alegria, essa alegria dá amor e o amor dá as pessoas [da Trindade], das quais o Espírito Santo é uma" (Blakney, p. 245).

Spinoza dá à alegria um lugar supremo em seu sistema ético antropológico. "A alegria", diz ele, "é a passagem do homem de uma perfeição menor para uma perfeição maior. A tristeza é a passagem do homem de uma perfeição maior para uma menor" (*Ética*, 3, def. 2, 3).

As afirmações de Spinoza apenas serão plenamente compreendidas se as colocarmos no contexto de todo o seu sistema de pensamento. Para não decairmos, devemos nos esforçar para nos aproximarmos do "modelo da natureza humana", ou seja, devemos ser sumamente livres, racionais, ativos. Devemos nos tornar o que podemos ser. Isso deve ser entendido como o bem que é potencialmente inerente à nossa natureza. Spinoza entende "bom" como "tudo aquilo que temos certeza de ser um meio pelo qual podemos nos aproximar cada vez mais do modelo de natureza humana que temos posta diante de nós"; e entende "mal" como "ao contrário [...] tudo o que temos certeza de que nos impede de chegar a esse modelo" (*Ética*, 4, Prefácio). A alegria é boa; o pesar (*tristitia*, mais bem traduzida como "tristeza", "melancolia") é ruim. Alegria é virtude; tristeza é pecado.

Alegria, então, é o que experimentamos no processo de nos aproximarmos do objetivo de nos tornarmos nós mesmos.

Pecado – Perdão

No conceito clássico do pensamento teológico judaico e cristão, o pecado é essencialmente idêntico à desobediência à vontade de Deus. Isso é bastante evidente no que se costuma considerar a fonte do primeiro pecado – a desobediência de Adão. Na tradição judaica, esse ato não era entendido como o pecado "original" que todos os descendentes de Adão herdaram, como na tradição cristã, mas apenas como o *primeiro* pecado – não necessariamente presente nos descendentes de Adão.

No entanto, o elemento comum é a visão de que a desobediência aos mandamentos de Deus é pecado, quaisquer que sejam os mandamentos. Não é uma surpresa, considerando que a imagem de Deus naquela parte da história bíblica é de uma autoridade estrita, modelada a partir de um Rei dos Reis oriental. Além disso, não é surpreendente se considerarmos que a Igreja, quase desde o seu início, ajustou-se a uma ordem social que, então no feudalismo e agora no capitalismo, exigia para o seu funcionamento estrita obediência dos indivíduos às leis, aquelas que servem aos seus verdadeiros interesses bem como as que não servem. Quão opressivas ou liberais são as leis e quais são os meios para a sua aplicação faz pouca diferença no que diz respeito à questão central: o povo deve aprender a temer a autoridade, e não só na pessoa dos agentes "aplicadores da lei", por eles portarem armas. Esse medo não é uma salvaguarda suficiente para o bom funcionamento do Estado; o cidadão deve internalizar esse medo e transformar a obediência numa categoria moral e religiosa: o pecado.

As pessoas respeitam as leis não só porque têm medo, mas também porque se sentem culpadas pela sua desobediência. Esse sentimento de culpa pode ser superado pelo perdão que só a própria autoridade pode conceder. As condições para tal perdão são: o pecador se arrepende, é punido e, ao aceitar a punição, submete-se novamente. A sequência pecado (desobediência) → sentimento de culpa → nova submissão (punição) → perdão é um círculo vicioso, na medida em que cada ato de desobediência leva a uma maior obediência. Somente algumas pessoas não são assim intimidadas. Prometeu é o herói destas. Apesar do castigo mais cruel com que Zeus o aflige, Prometeu não se submete nem se sente culpado. Ele sabia que tirar o fogo dos deuses e dá-lo aos seres humanos era um ato de compaixão; foi desobediente, mas não pecou. Ele, como muitos outros heróis amorosos (mártires) da raça humana, rompeu a equação entre desobediência e pecado.

A sociedade, porém, não é feita de heróis. Enquanto a mesa esteve posta apenas para uma minoria, e a maioria teve de servir aos propósitos da minoria e ficar satisfeita com o que sobrava, a sensação de que desobediência é pecado precisou ser cultivada. Tanto o Estado quanto a Igreja a cultivaram, e ambos trabalharam juntos, porque ambos tinham de proteger as suas próprias hierarquias. O Estado precisava que a religião tivesse uma ideologia que fundisse desobediência e pecado; a Igreja precisava de fiéis que o Estado tivesse treinado nas virtudes da obediência. Ambos utilizavam a instituição da família, cuja função era educar a criança na obediência desde o primeiro momento em que ela manifestasse vontade própria (geralmente, no mais tardar, com o início do treinamento esfincteriano). A vontade própria da criança tinha de ser dobrada a fim de prepará-la para o seu bom funcionamento como cidadã, mais tarde.

No sentido teológico e secular convencional, o pecado é um conceito dentro da estrutura autoritária, e essa estrutura pertence ao modo de existência do ter. Nosso centro humano não reside em nós mesmos, mas na autoridade à qual nos submetemos. Não alcançamos o bem-estar através da nossa própria atividade produtiva, mas sim da obediência passiva e da consequente aprovação da autoridade. *Temos* um líder (secular ou espiritual, rei/rainha ou Deus) em quem *temos* fé; *temos* segurança… enquanto não formos ninguém. O fato de a submissão não ser necessariamente consciente como tal, de poder ser leve ou grave, de a estrutura psíquica e social não necessitar de ser totalmente autoritária, mas poder sê-lo apenas parcialmente, não deve cegar-nos para o fato de *vivermos no modo do ter na medida em que internalizamos a estrutura autoritária da nossa sociedade*.

Como Alfons Auer enfatizou de forma muito sucinta, o conceito de autoridade, desobediência e pecado de Tomás de Aquino é humanista:

isto é, o pecado não é a desobediência à autoridade irracional, mas a violação do *bem-estar humano*.²⁷ Assim, Tomás de Aquino pode afirmar: "Deus nunca pode ser insultado por nós, a menos que ajamos contra o nosso próprio bem-estar" (*S.c. gent.* 3, 122). Para compreender essa posição, devemos considerar que, para Tomás, o bem humano (*bonum humanum*) não é determinado nem arbitrariamente por desejos puramente subjetivos, nem por desejos dados instintivamente ("naturais", no sentido estoico), nem por vontade arbitrária de Deus. Ele é determinado pela nossa compreensão racional da natureza humana e das normas que, baseadas nessa natureza, conduzem ao nosso crescimento e bem-estar ideais. (Deve-se notar que, como filho obediente da Igreja e defensor da ordem social existente contra as seitas revolucionárias, Tomás de Aquino não poderia ser um puro representante da ética não autoritária; seu uso da palavra "desobediência" para ambos os tipos de desobediência serviu para obscurecer a contradição intrínseca em sua posição.)

Embora o pecado como desobediência faça parte da estrutura autoritária e, assim, da estrutura do *ter*, ele tem um significado totalmente diferente na estrutura não autoritária, que está enraizada no modo do *ser*. Esse outro significado também está implícito na história bíblica da Queda e pode ser entendido por uma interpretação diferente dessa história. Deus colocou o homem no Jardim do Éden e advertiu-o para não comer nem da Árvore da Vida nem da Árvore do Conhecimento do Bem e do Mal. Vendo que "não é bom que o Homem esteja só", Deus criou a Mulher. Homem e Mulher deveriam se tornar um. Ambos estavam nus e "não tinham vergonha". Essa afirmação é geralmente interpretada em

---

27 Um artigo ainda não publicado do professor Auer sobre a autonomia da ética segundo Tomás de Aquino (que lhe devo muito por me ter deixado ler em manuscrito) é muito útil para a compreensão do conceito ético de Tomás de Aquino. O mesmo ocorre com seu artigo sobre a questão "Is sin an insult to God?" [O pecado é um insulto a Deus?]. (Ver Referências.)

termos dos costumes sexuais convencionais, que assumem que, naturalmente, um homem e uma mulher ficariam envergonhados se os seus órgãos genitais ficassem descobertos. Mas isso não parece ser tudo o que o texto tem a dizer. Num nível mais profundo, essa afirmação poderia implicar que, embora o Homem e a Mulher estivessem frente a frente, eles não se sentiam – e nem mesmo poderiam se sentir – envergonhados, pois não sentiam um ao outro como estranhos, como indivíduos separados, mas como "um".

Essa situação pré-humana muda radicalmente após a Queda, quando o Homem e a Mulher se tornam plenamente humanos, isto é, dotados de razão, com consciência do bem e do mal, com consciência um do outro como seres separados, com consciência de que a sua unidade original está rompida e que eles se tornaram estranhos um para o outro. Ele e ela estão próximos um do outro, mas ainda assim se sentem separados e distantes. Sentem a vergonha mais profunda que existe: a vergonha de enfrentar "nu" um companheiro ou companheira e ao mesmo tempo vivenciar o estranhamento mútuo, o abismo indescritível que separa um do outro. Ele e ela "juntaram folhas de figueira para cobrir-se", tentando evitar o encontro humano pleno, a nudez em que se veem. Mas a vergonha, assim como a culpa, não pode ser removida pela ocultação. Eles não se aproximaram por amor; talvez se desejassem fisicamente, mas a união física não cura o distanciamento humano. O fato de eles não se amarem é indicado em sua atitude um para com o outro: Eva não tenta proteger Adão, e Adão evita o castigo denunciando Eva como culpada, em vez de defendê-la.

Que pecado cometeram? Perceberem-se como seres humanos separados, isolados e egoístas, que não conseguem superar a separação no ato da união amorosa. Esse pecado está enraizado na nossa própria existência humana. Estando privados da harmonia original com a natureza, característica do animal cuja vida é determinada por instintos intrínsecos; sendo dotados de razão e autoconsciência, não podemos deixar de experimentar a nossa total separação de todos os outros seres humanos. Na teologia católica, esse estado de existência, completa separação e distanciamento uns dos outros, sem pontes de amor, é a definição de "Inferno". É algo insuportável para nós. Devemos superar a tortura da separação absoluta de alguma forma: pela submissão ou pela dominação, ou pela tentativa de silenciar a razão e a consciência. No entanto, todas essas formas só têm êxito momentâneo, bloqueando o caminho para uma verdadeira solução. Só há uma maneira de nos salvarmos desse inferno: sair da prisão do nosso egocentrismo, estender a mão e nos *unir* com o mundo. Se a separação egocêntrica é o pecado capital, então o pecado é expiado no ato de amar. A própria palavra "expiação" [*atonement*, em inglês] expressa esse conceito, pois deriva etimologicamente de "at-*onement*", a expressão do inglês médio para "união". Uma vez que o pecado da separação não é um ato de desobediência, ele não precisa ser *perdoado*. Mas precisa ser *curado*; e o amor, e não a aceitação do castigo, é o fator de cura.

Rainer Funk indicou para mim que o conceito de pecado enquanto desunião foi expresso por alguns dos Pais da Igreja, que seguiram o conceito não autoritário de pecado de Jesus, e sugere os seguintes exemplos (retirados de Henri de Lubac): Orígenes diz: "Onde há pecados, há diversidade. Mas onde a virtude reina, há singularidade, há unidade". Máximo, o Confessor, diz que através do pecado de Adão a raça humana, "que deveria ser um todo harmonioso sem conflito entre o meu e o teu, foi transformada numa nuvem de poeira de indivíduos". Pensamentos similares a respeito da destruição da unidade original em Adão também podem ser encontrados nas ideias de Santo Agostinho e, como aponta o professor Auer, nos ensinamentos de Tomás de Aquino. De Lubac diz, resumindo: "Como obra de 'restituição' (*Wiederherstellung*), o fato da salvação parece necessário como a recuperação da unidade perdida, como a restituição da unidade sobrenatural com Deus e ao mesmo tempo a unidade dos homens entre si" (ver também "The Concept of Sin and Repentance" [O conceito de pecado e arrependimento] em *You Shall Be as Gods* [Sereis como deuses] para um exame de todo o problema do pecado).

Resumindo, no modo do ter – e, portanto, na estrutura autoritária –, pecado é desobediência e é superado por meio do arrependimento → punição → submissão renovada. No modo do ser – a estrutura não autoritária –, o pecado é um distanciamento não resolvido e é superado pelo pleno desenvolvimento da razão e do amor, pelo *at-onement*.

De fato, pode-se interpretar a história da Queda de ambas as maneiras, porque a própria história é uma mistura de elementos autoritários e libertadores. Mas, em si mesmos, os conceitos de pecado como, respectivamente, desobediência e alienação são diametralmente opostos.

A história da Torre de Babel, no Antigo Testamento, parece conter a mesma ideia. A raça humana atingiu aqui um estado de união, simbolizado pelo fato de toda a humanidade ter uma única língua. Pela sua própria ambição de poder, pelo seu desejo de *ter* a grande torre, o povo destrói a sua unidade e fica desunido. Em certo sentido, a história da Torre é a segunda "Queda", o pecado da humanidade histórica. A história é complicada pelo fato de Deus ter medo da unidade do povo e do poder que dela decorre. "Eles são um só povo e falam uma só língua, e começaram a construir isso. Em breve nada poderá impedir o que planejam fazer. Venham, desçamos e confundamos a língua que falam, para que não entendam mais uns aos outros" (Gênesis 11:6-7). É claro que a mesma dificuldade já existe na história da Queda; ali Deus tem medo do poder que o homem e a mulher exerceriam se comessem do fruto de ambas as árvores.

Medo de morrer – Afirmação da vida

Como afirmado anteriormente, o medo de perder os bens é uma consequência inevitável de uma sensação de segurança que se baseia naquilo que se tem. Quero levar esse pensamento um passo adiante.

Talvez seja possível não nos apegarmos à *propriedade* e, portanto, não temermos perdê-la. Mas e o medo de perder a própria vida – o medo de morrer? Será este um medo apenas das pessoas idosas ou doentes? Ou todo mundo tem medo de morrer? O fato de que estamos fadados a morrer permeia toda a nossa vida? Será que o medo de morrer só se torna mais intenso e mais consciente à medida que nos aproximamos dos limites da vida devido à idade ou à doença?

Precisamos de grandes estudos sistemáticos por parte de psicanalistas que investiguem esse fenômeno desde a infância até a velhice e lidem com as manifestações inconscientes e conscientes do medo de morrer. Esses estudos não precisam se restringir a casos individuais; eles poderiam examinar grandes grupos, usando métodos existentes de sociopsicanálise. Dado que tais estudos não existem atualmente, devemos tirar conclusões provisórias a partir de muitos dados dispersos.

Talvez o dado mais significativo seja o desejo profundamente arraigado de imortalidade que se manifesta nos diversos rituais e crenças que visam à preservação do corpo humano. Por sua vez, a negação moderna, e especificamente estadunidense, da morte através do "embelezamento" do corpo fala igualmente a favor da repressão do medo de morrer ao simplesmente se camuflar a morte.

Só existe uma maneira – ensinada pelo Buda, por Jesus, pelos estoicos, pelo Mestre Eckhart – de realmente superar o medo de morrer, e essa maneira é *não se apegar à vida, não experienciar a vida como uma posse*. O medo de morrer não é verdadeiramente o que parece ser: o medo de deixar de viver. A morte não nos diz respeito, disse Epicuro, "já que enquanto somos, a morte ainda não está aqui; mas quando a morte chega, não existimos mais" (Diógenes Laércio). É certo que pode haver medo do sofrimento e da dor que podem preceder a morte, mas esse medo é diferente do medo de morrer. Embora o medo de morrer possa parecer irracional, ele não o é se a vida for vivenciada como uma posse. O medo, então, não é de morrer, mas de *perder o que tenho*: o medo de perder meu corpo, meu ego, minhas posses e minha identidade; o medo de enfrentar o abismo da não identidade, de "estar perdido".

Na medida em que vivemos no modo do ter, devemos temer a morte. Nenhuma explicação racional eliminará esse medo. Mas ele pode ser diminuído, mesmo na hora da morte, pela reafirmação do nosso vínculo com a vida, por uma resposta ao amor dos outros que possa acender o nosso próprio amor. A perda do medo de morrer não deveria começar como uma preparação para a morte, mas como um esforço contínuo para *reduzir o modo do ter e aumentar o modo do ser*. Como diz Spinoza, os sábios pensam na vida, e não na morte.

A instrução sobre como morrer é, de fato, a mesma sobre como viver. Quanto mais nos livramos do desejo de posse em todas as suas formas, particularmente do nosso egoísmo, menos forte é o medo de morrer, uma vez que não há nada a perder.[28]

Aqui, agora – Passado, futuro

O modo do ser existe apenas no aqui e agora (*hic et nunc*). O modo do ter existe apenas no tempo: passado, presente e futuro.

---

28 Eu restringi a esse ponto a discussão sobre o medo de morrer, e não vou adentrar a discussão de um problema sem solução: a dor do sofrimento que nossa morte pode infligir sobre aqueles que nos amam.

No modo do ter, estamos vinculados ao que acumulamos no *passado*: dinheiro, terras, fama, *status* social, conhecimento, filhos, memórias. Pensamos no passado e temos sentimentos ao *lembrar* de sentimentos (ou o que parecem ser sentimentos) do passado. (Essa é a essência do sentimentalismo.) *Somos* o passado; podemos dizer: "Eu sou o que fui".

O *futuro* é a antecipação do que se tornará passado. Ele é vivenciado no modo do ter, como também o é o passado, e é expresso quando se diz: "Esta pessoa *tem* futuro", indicando que o indivíduo terá muitas coisas, mesmo que não as tenha agora. O *slogan* publicitário da Ford, "Há um Ford no seu futuro", enfatizava *ter* no futuro, assim como em certas transações comerciais se compram ou se vendem "*commodities* futuros". A experiência fundamental do ter é igual, quer lidemos com o passado ou com o futuro.

O *presente* é o ponto onde o passado e o futuro se unem, uma estação fronteiriça no tempo, mas não diferente em qualidade dos dois reinos que liga. O ser não está necessariamente fora do tempo, mas o tempo não é a dimensão que rege o ser. O pintor tem que lutar com a cor, a tela e os pincéis, o escultor, com a pedra e o cinzel. No entanto, o ato criativo, a "visão" do que eles vão criar, transcende o tempo. Ocorre num *flash*, ou em muitos *flashes*, mas o tempo não é experienciado nessa visão. O mesmo vale para os pensadores. Escrever as ideias é coisa que ocorre no tempo, mas concebê-las é um evento criativo fora do tempo. O mesmo vale para todas as manifestações do ser. A experiência de amar, de alegria, de compreender a verdade não ocorre no tempo, mas no aqui e agora. *O aqui e agora é a eternidade*, ou seja, a atemporalidade. Mas a eternidade não é, como popularmente é mal compreendida, um tempo indefinidamente prolongado.

Uma ressalva importante deve ser feita, porém, no que diz respeito à relação com o passado. Nossas referências aqui têm sido lembrar o passado, pensar, ruminar sobre ele; nesse modo de "ter" o passado, ele está morto. Mas pode-se também dar vida ao passado. Pode-se vivenciar uma situação do passado com o mesmo frescor com que ela ocorreria no aqui e agora; isto é, pode-se recriar o passado, trazê-lo à vida (ressuscitar os mortos, simbolicamente falando). Na medida em que fazemos isso, o passado deixa de ser passado; é o aqui e agora.

Também pode-se vivenciar o futuro como se fosse o aqui e agora. Isso ocorre quando um estado futuro é tão plenamente antecipado na própria experiência que é futuro apenas "objetivamente", isto é, em fato externo, mas não na experiência subjetiva. Essa é a natureza do pensamento utópico genuíno (em contraste com o devaneio utópico); é a base da fé genuína, que não necessita da realização externa "no futuro" a fim de tornar real sua experiência.

Todo o conceito de passado, presente e futuro, isto é, de tempo, entra em nossas vidas devido à nossa existência corporal: a duração limitada da nossa vida, a constante demanda do nosso corpo para ser cuidado, a natureza do mundo físico que temos que usar para nos sustentar. De fato, não podemos viver na eternidade; sendo mortais, não podemos ignorar ou escapar do tempo. O ritmo da noite e do dia, do sono e da vigília, do crescimento e do envelhecimento, a necessidade de nos sustentarmos com o trabalho e de nos defendermos, todos esses fatores nos obrigam a *respeitar* o tempo se quisermos viver, e o nosso corpo faz com que nós queiramos viver. Mas *respeitar* o tempo é uma coisa; nos *submetermos* a ele é outra. Respeitamos o tempo no modo do ser, mas não nos submetemos a ele. Mas esse respeito pelo tempo *se torna submissão* quando predomina o modo do ter. Nesse modo, não apenas as coisas são coisas, mas tudo o que está vivo se torna uma coisa. No modo do ter, o tempo se torna nosso governante. No modo do ser, o tempo é destronado; não é mais o ídolo que governa a nossa vida.

Na sociedade industrial, o tempo governa supremo. O atual modo de produção exige que cada ação seja exatamente "cronometrada", que não apenas a interminável esteira transportadora da linha de montagem, mas, num sentido menos grosseiro, a maioria das nossas atividades seja governada pelo tempo. Além disso, tempo não é apenas tempo, "tempo é dinheiro". A máquina deve ser usada ao máximo; portanto, a máquina impõe ao trabalhador o seu próprio ritmo.

Por meio da máquina, o tempo se tornou nosso governante. Somente em nossas horas livres parecemos ter certa escolha. No entanto, normalmente organizamos nosso lazer da mesma forma como organizamos nosso trabalho. Ou nos rebelamos contra a tirania do tempo sendo absolutamente preguiçosos. Ao não fazermos nada, exceto desobedecermos às exigências do tempo, temos a ilusão de que somos livres, quando, na verdade, estamos apenas em liberdade condicional da nossa prisão temporal.

Parte 3

O novo homem e a nova sociedade

7. Religião, caráter e sociedade

Este capítulo desenvolve a tese de que a mudança social interage com uma mudança no caráter social; que os impulsos "religiosos" contribuem com a energia necessária para levar homens e mulheres a realizarem mudanças sociais drásticas e, portanto, que uma nova sociedade só pode ser criada se ocorrer uma mudança profunda no coração humano – se um novo objeto de devoção tomar o lugar do atual.[29]

Os fundamentos do caráter social

O ponto de partida para essas reflexões consiste na afirmação de que a estrutura de caráter do indivíduo médio e a estrutura socioeconômica da

---

29 Este capítulo se baseia fortemente em meus trabalhos anteriores, particularmente *O medo da liberdade* (primeira edição em 1941) e *Psicanálise e religião* (primeira edição em 1950), em ambos os quais são citados os livros mais importantes da rica literatura sobre o tema.

sociedade da qual este faz parte são interdependentes. Chamo de *caráter social* a fusão da esfera psíquica individual e da estrutura socioeconômica. (Muito antes, em 1932, eu tinha usado "estrutura libidinal da sociedade" para expressar esse fenômeno.) A estrutura socioeconômica de uma sociedade molda o caráter social dos seus membros para que estes *desejem* fazer o que *têm* de fazer. Simultaneamente, o caráter social influencia a estrutura socioeconômica da sociedade, atuando ou como argamassa para dar maior estabilidade à estrutura social ou, em circunstâncias especiais, como dinamite que tende a quebrar a estrutura social.

Caráter social face à estrutura social

Nunca é estática a relação entre caráter social e estrutura social, uma vez que ambos os elementos dessa relação são processos intermináveis. Uma mudança em qualquer um dos fatores significa uma mudança em ambos. Muitos revolucionários políticos acreditam que é preciso primeiro mudar radicalmente a estrutura política e econômica, e que, depois, como um segundo e quase necessário passo, a mente humana também mudará: que a nova sociedade, uma vez estabelecida, produzirá quase automaticamente o novo ser humano. Eles não enxergam que a nova elite, sendo motivada pelo mesmo caráter da antiga, tenderá a recriar as condições da velha sociedade nas novas instituições sociopolíticas que a revolução criou; que a vitória da revolução será a sua derrota enquanto revolução – embora não enquanto fase histórica que abriu o caminho para o desenvolvimento socioeconômico prejudicado em seu pleno desenrolar. As Revoluções Francesa e Russa são exemplos clássicos. É digno de nota que Lênin, que não acreditava que a qualidade de caráter fosse importante para a função revolucionária de uma pessoa, mudou drasticamente de opinião no último ano de sua vida, quando percebeu nitidamente os defeitos de caráter de Stálin e exigiu, em seu testamento, que devido a esses defeitos Stálin não se tornasse seu sucessor.

Do outro lado estão aqueles que afirmam que primeiro a natureza dos seres humanos deve mudar – a consciência, os valores, o caráter – e que só então poderá ser construída uma sociedade verdadeiramente humana. A história da raça humana prova que eles estão errados. A mudança puramente psíquica sempre permaneceu na esfera privada e ficou restrita a pequenos oásis, ou foi completamente ineficaz quando a pregação dos valores espirituais foi combinada com a prática dos valores opostos.

Caráter social e necessidades "religiosas"

Além de servir às necessidades sociais de certo tipo de caráter e satisfazer as necessidades comportamentais condicionadas pelo caráter do indivíduo, o caráter social tem uma significativa função adicional. Ele deve satisfazer as necessidades religiosas inerentes de qualquer ser humano. Para esclarecer, "religião", tal como a utilizo aqui, não se refere a um sistema que tenha necessariamente a ver com um conceito de Deus ou com ídolos ou mesmo com um sistema percebido como religião, mas a *qualquer sistema de pensamento e ação partilhado por um grupo e que oferece ao indivíduo uma estrutura de orientação e um objeto de devoção*. De fato, nesse sentido lato da palavra, nenhuma cultura do passado, do presente e, ao que parece, do futuro pode ser considerada como não tendo religião.

Essa definição de "religião" nada nos diz sobre o seu conteúdo específico. As pessoas podem adorar animais, árvores, ídolos de ouro ou pedra, um deus invisível, uma pessoa santa ou um líder diabólico; podem adorar seus ancestrais, sua nação, sua classe ou partido, dinheiro ou sucesso. A religião pode conduzir ao desenvolvimento da destrutividade ou do amor, da dominação ou da solidariedade; pode aumentar o poder da razão ou paralisá-lo. As pessoas podem estar conscientes do seu sistema como religioso, diferentemente daqueles do reino secular, ou podem pensar que não têm religião, e interpretar a sua devoção a certos objetivos supostamente seculares, tais como poder, dinheiro ou sucesso, como nada mais que preocupações práticas e expeditas. A questão não é "isso é religião?", e sim "que tipo de religião é esse?", quer seja uma que promova o desenvolvimento humano, o desenvolvimento de poderes especificamente humanos ou que paralise o crescimento humano.

Uma religião específica, desde que seja eficaz na motivação de condutas, não é uma soma total de doutrinas e crenças; ela está enraizada numa estrutura de caráter específica de um indivíduo e, na medida em que for a religião de um grupo, no caráter social. Assim, nossa atitude religiosa pode ser considerada um aspecto da nossa estrutura de caráter, pois *somos aquilo a que nos devotamos, e aquilo a que nos devotamos é o que motiva a nossa conduta*. Muitas vezes, porém, os indivíduos nem sequer estão conscientes dos verdadeiros objetos da sua devoção pessoal e confundem as suas crenças "oficiais" com a sua religião real, embora secreta. Se, por exemplo, um homem adora o poder enquanto professa uma religião de amor, a religião do poder é a sua religião secreta, ao passo que a sua chamada religião oficial, por exemplo o cristianismo, é apenas uma ideologia.

A necessidade religiosa está enraizada nas condições básicas de existência da *espécie* humana. Nossa espécie se basta, assim como as espécies chimpanzé, cavalo ou andorinha. Cada espécie pode ser e é definida por suas características fisiológicas e anatômicas específicas. Existe um acordo geral sobre a espécie humana em termos biológicos. Eu já propus que a espécie humana – isto é, a natureza humana – também pode ser definida *psiquicamente*. Na evolução biológica do reino animal, a espécie humana surge quando duas tendências na evolução animal se encontram. Uma é a tendência de *determinação cada vez menor do comportamento pelos instintos* ("instintos" é usado aqui não no sentido antiquado de instinto como excluindo a aprendizagem, mas no sentido de impulsos orgânicos). Mesmo tendo em conta as muitas opiniões controversas sobre a natureza dos instintos, é geralmente aceito que quanto mais alto um animal tenha ascendido nas fases de evolução, menos seu comportamento é determinado por instintos filogeneticamente programados.

O processo de determinação cada vez menor do comportamento pelos instintos pode ser traçado como um *continuum*, no qual, na extremidade zero, encontraremos as formas mais baixas de evolução animal com o mais alto grau de determinação instintiva; esta diminui com a evolução animal e atinge um certo nível com os mamíferos; diminui ainda mais no desenvolvimento até os primatas, e mesmo aqui encontramos um grande abismo entre macacos e símios (como mostraram R. M. Yerkes e A. V. Yerkes em sua investigação clássica, de 1929). Na espécie *Homo*, a determinação instintiva atingiu o seu mínimo.

A outra tendência encontrada na evolução animal é *o crescimento do cérebro*, particularmente do neocórtex. Também aqui podemos traçar a evolução como um *continuum*: num extremo, os animais mais inferiores, com a estrutura nervosa mais primitiva e um número relativamente pequeno de neurônios; do outro, o *Homo sapiens*, com uma estrutura cerebral maior e mais complexa, especialmente um neocórtex três vezes maior que o dos nossos ancestrais primatas, e um número verdadeiramente fantástico de conexões interneurais.

Considerando esses dados, a espécie humana pode ser definida como o primata que surgiu no ponto da evolução em que a determinação instintiva atingiu o mínimo e o desenvolvimento do cérebro, o máximo. Essa combinação de determinação instintiva mínima e desenvolvimento cerebral máximo nunca tinha ocorrido antes na evolução animal e constitui, biologicamente falando, um fenômeno completamente novo.

Sem a capacidade de agir sob o comando dos instintos e ao mesmo tempo possuindo a capacidade de autoconsciência, razão e imaginação – novas qualidades que vão além da capacidade de pensamento instrumental até mesmo dos primatas mais inteligentes –, a espécie humana precisava de uma *estrutura de orientação* e um *objeto de devoção* para sobreviver.

Sem um mapa do nosso mundo natural e social – uma imagem do mundo e do lugar que ocupamos nele que seja estruturada e tenha coesão interna –, os seres humanos ficariam confusos e incapazes de agir de forma intencional e consistente, pois não haveria maneira de se orientar, de encontrar um ponto fixo que permitisse organizar todas as impressões que atingem cada indivíduo. É através do consenso com aqueles que nos rodeiam que nosso mundo faz sentido para nós e temos certeza de nossas ideias. Mesmo que o mapa esteja errado, ele cumpre sua função psicológica. Mas o mapa nunca esteve totalmente errado – nem nunca esteve totalmente certo. Ele sempre foi uma aproximação suficiente à explicação dos fenômenos para servir ao propósito da vida. Somente na medida em que a *prática* da vida estiver liberta das suas contradições e da sua irracionalidade é que o mapa poderá corresponder à realidade.

O fato impressionante é que não foi encontrada nenhuma cultura em que não existisse tal quadro de orientação. Tampouco algum indivíduo. Muitas vezes os indivíduos podem negar ter qualquer quadro geral, acreditando responder aos vários fenômenos e incidentes da vida caso a caso, conforme o seu discernimento os orienta. Mas pode ser facilmente demonstrado que eles simplesmente tomam a sua própria filosofia como certa porque para eles trata-se apenas de bom senso, e não têm consciência de que todos os seus conceitos se assentam numa estrutura de referência aceita em comum. Quando essas pessoas são confrontadas com uma visão total de vida fundamentalmente diferente, elas a julgam como "louca", "irracional" ou "infantil", enquanto se consideram apenas "lógicas". A profunda necessidade de uma estrutura de referência é particularmente visível em crianças. Em certa idade, as crianças muitas vezes criam sua própria estrutura de orientação de uma forma engenhosa, utilizando os poucos dados de que dispõem.

Mas um mapa não é suficiente como guia de ação; também precisamos de uma meta que nos diga para onde ir. Os animais não têm esses problemas. Seus instintos lhes fornecem um mapa e, também, objetivos. Mas, sem determinação instintiva e com um cérebro que nos permita pensar nas muitas direções que podemos seguir, precisamos de um objeto de devoção total, um ponto focal para todos os nossos esforços e a base para todos os nossos valores de fato – e não apenas aqueles da boca para fora. Precisamos de tal objeto de devoção para integrar nossas energias numa direção, para transcender a nossa existência isolada, com todas as suas dúvidas e inseguranças, e para responder à necessidade de um sentido para a vida.

A estrutura socioeconômica, a estrutura de caráter e a estrutura religiosa são inseparáveis umas das outras. Se o sistema religioso não corresponder ao caráter social prevalecente, se entrar em conflito com a prática social da vida, é apenas uma ideologia. Temos de procurar por trás dela a verdadeira estrutura religiosa, mesmo que não tenhamos consciência dela como tal – a menos que as energias humanas inerentes à estrutura de caráter religioso atuem como dinamite e tendam a minar as condições socioeconômicas dadas. No entanto, como sempre há exceções individuais ao caráter social dominante, também há exceções individuais ao caráter religioso dominante. Elas são frequentemente os líderes de revoluções religiosas e os fundadores de novas religiões.

Como núcleo experiencial de todas as religiões "elevadas", a orientação "religiosa" foi em grande parte pervertida no desenvolvimento dessas religiões. Não importa a forma como os indivíduos concebem conscientemente sua orientação pessoal; eles podem ser "religiosos" sem se considerarem assim – ou podem ser não religiosos, embora se considerem cristãos. Não temos palavras para rebaixar o conteúdo *experiencial* da religião, além do seu aspecto conceitual e institucional. Portanto, uso aspas para denotar "religioso" na orientação *experiencial* e subjetiva, independentemente da estrutura conceitual na qual a "religiosidade" da pessoa é expressa.[30]

O mundo ocidental é cristão?

De acordo com os livros de história e a opinião da maioria das pessoas, a conversão da Europa ao cristianismo ocorreu primeiro dentro do Império Romano sob Constantino, seguida, no século 8, pela conversão dos pagãos no norte da Europa por Bonifácio, o "Apóstolo dos Germânicos", e outros. *Mas será que a Europa foi, em algum momento, verdadeiramente cristianizada?*

Apesar da resposta afirmativa geralmente dada a essa pergunta, uma análise mais atenta mostra que a conversão da Europa ao cristianismo foi em grande parte uma farsa; que no máximo se poderia falar de uma

---

[30] Ninguém abordou o tema da experiência religiosa ateísta de forma mais profunda e ousada do que Ernst Bloch (1972).

conversão limitada entre os séculos 12 e 16, e que durante os séculos anteriores e posteriores a esse período a conversão foi, na maior parte, uma conversão a uma ideologia e uma submissão mais ou menos séria à Igreja; ela não significou uma mudança de atitude, isto é, de estrutura de caráter, exceto para numerosos movimentos genuinamente cristãos.

Nesses quatrocentos anos a Europa havia começado a ser cristianizada. A Igreja tentou impor a aplicação dos princípios cristãos no manejo da propriedade, nos preços e no apoio aos pobres. Surgiram muitos líderes e seitas parcialmente heréticos, em grande parte sob a influência do misticismo que exigia o retorno aos princípios de Cristo, incluindo a condenação da propriedade. O misticismo, culminando no Mestre Eckhart, desempenhou um papel decisivo nesse movimento humanista antiautoritário e, não por acaso, as mulheres se tornaram proeminentes como professoras místicas e como estudantes. Ideias de uma religião mundial ou de um cristianismo simples e não dogmático foram expressas por muitos pensadores cristãos; até mesmo a ideia do Deus da Bíblia se tornou questionável. Os humanistas teológicos e não teológicos do Renascimento, na sua filosofia e nas suas utopias, deram continuidade à linha do século 13, e, na verdade, não existe uma linha divisória muito clara entre o final da Idade Média (o "Renascimento Medieval") e o Renascimento propriamente dito. Para mostrar o espírito da Renascença Alta e da Tardia, cito o quadro resumido de Frederick B. Artz:

> Quanto à sociedade, os grandes pensadores medievais sustentavam que todos os homens são iguais aos olhos de Deus, e que mesmo o mais humilde tem um valor infinito. Em economia, ensinavam que o trabalho é uma fonte de dignidade e não de degradação, que nenhum homem deve ser usado para um fim independente do seu bem-estar e que a justiça deve determinar salários e preços. Na política, ensinavam que a função do Estado é a moral,

que a lei e a sua administração deveriam estar imbuídas de ideias cristãs de justiça e que as relações entre governantes e governados deveriam sempre se basear em obrigações recíprocas. O Estado, a propriedade e a família são todos responsabilidades de Deus para aqueles que os controlam, e devem ser usados para promover propósitos divinos. Por fim, o ideal medieval incluía a forte crença de que todas as nações e povos faziam parte de uma grande comunidade. Como disse Goethe, "Acima das nações está a humanidade", ou como Edith Cavell escreveu em 1915 na margem do seu *A imitação de Cristo*, na noite anterior à sua execução, "O patriotismo não é suficiente".

De fato, tivesse a história europeia prosseguido no espírito do século 13, se tivesse desenvolvido o espírito do conhecimento científico e do individualismo lentamente e de uma forma evolutiva, poderíamos agora estar numa posição feliz. Mas a razão começou a degenerar em inteligência manipuladora, e o individualismo, em egoísmo. O curto período de cristianização terminou, e a Europa regressou ao seu paganismo original.

Por mais que os conceitos possam diferir, uma crença define qualquer ramo do cristianismo: a crença em Jesus Cristo como o Salvador que, por amor, deu a vida por seus semelhantes. Ele foi o herói do amor, um herói sem poder, que não usava a força, que não queria governar, que não queria *ter* nada. Ele foi um herói do ser, do se doar, do compartilhar. Essas qualidades atraíram profundamente romanos pobres, bem como alguns dos ricos que se engasgaram no próprio egoísmo. Jesus apelou ao coração das pessoas, embora do ponto de vista intelectual ele fosse considerado, na melhor das hipóteses, ingênuo. Essa crença no herói do amor conquistou centenas de milhares de adeptos, muitos dos quais mudaram a sua prática de vida ou se tornaram eles próprios mártires.

O herói cristão era o mártir, pois, tal como na tradição judaica, a maior realização era dar a vida por Deus ou pelos semelhantes. O mártir é exatamente o oposto do herói pagão personificado nos heróis gregos e germânicos. O objetivo desses heróis era conquistar, ser vitorioso, destruir, roubar; sua realização na vida era orgulho, poder, fama e habilidade superior em matar (Santo Agostinho comparou a história romana com a de um bando de ladrões). Para o herói pagão, o valor de um homem residia na sua capacidade de alcançar e manter o poder, e, no momento da vitória, ele morreria alegremente no campo de batalha. A *Ilíada* de Homero é uma descrição poeticamente magnífica de conquistadores e ladrões glorificados. As características do mártir são *ser*, se doar, compartilhar; as do herói, *ter*, explorar, forçar. (Deve-se acrescentar que a formação do herói pagão está ligada à vitória patriarcal sobre a sociedade centrada na mãe. O domínio dos homens sobre as mulheres é o primeiro ato de conquista e o primeiro uso exploratório da força; em todas as sociedades patriarcais, após a vitória dos homens, esses princípios se tornaram a base do caráter dos homens.)

Qual dos dois modelos irreconciliavelmente opostos para o nosso próprio desenvolvimento ainda prevalece na Europa? Se olharmos para nós mesmos, para o comportamento de quase todas as pessoas, para os nossos líderes políticos, é inegável que o nosso modelo do que é bom e valioso é o herói pagão. A história europeia-norte-americana, apesar da conversão à Igreja, é uma história de conquista, orgulho e ganância; nossos maiores valores são: ser mais forte que os outros, ser vitorioso, conquistar os outros e explorá-los. Esses valores coincidem com o nosso ideal de "masculinidade": só quem consegue lutar e vencer é um homem; qualquer um que não use habilmente a força é fraco, isto é, "inviril".

Não é necessário provar que a história da Europa é uma história de conquista, exploração, força e subjugação. Quase todos os períodos se caracterizam por esses fatores, sem a isenção de nenhuma raça ou classe, muitas vezes incluindo o genocídio, como aconteceu com os indígenas norte-americanos, e mesmo empreendimentos religiosos como as Cruzadas não são exceção. Será que esse comportamento teve motivação apenas exterior, econômica ou política, e os traficantes de escravos, os governantes da Índia, os assassinos de indígenas, os britânicos que forçaram os chineses a abrir as suas terras à importação de ópio, os instigadores de duas Guerras Mundiais e aqueles que preparam a próxima guerra – todos esses eram secretamente cristãos? Ou talvez apenas os líderes fossem pagãos vorazes, enquanto a grande massa da população permanecia cristã? Se assim fosse, poderíamos nos sentir mais alegres. Infelizmente, não é assim. É verdade que os líderes eram muitas vezes mais vorazes do que seus seguidores porque tinham mais a ganhar, mas não poderiam ter concretizado os seus planos se não fosse o desejo de conquistar e de ser vitorioso que fazia e ainda faz parte do caráter social.

Basta recordar o entusiasmo selvagem e louco com que as pessoas participaram das várias guerras dos últimos dois séculos – a disponibilidade de milhões de pessoas para arriscar um suicídio nacional a fim de proteger a imagem de "potência mais forte", ou de "honra" ou de lucros. E, como outro exemplo, consideremos o nacionalismo frenético das pessoas que assistem aos Jogos Olímpicos contemporâneos, que supostamente servem à causa da paz. Na verdade, a popularidade dos Jogos Olímpicos é em si uma expressão simbólica do paganismo ocidental. Celebram o herói pagão: o vencedor, o mais forte, o mais autoafirmativo, ao mesmo tempo que ignoram a mistura suja de negócios e publicidade que caracteriza a imitação contemporânea dos Jogos Olímpicos gregos. Numa cultura cristã, a Paixão de Cristo substituiria os Jogos Olímpicos; no entanto, a Paixão de Cristo que temos é uma famosa atração turística da cidade alemã de Oberammergau.

Se tudo isso estiver correto, por que é que os europeus e os estadunidenses não abandonam abertamente o cristianismo por este não se adequar aos nossos tempos? Há várias razões: por exemplo, a ideologia religiosa é necessária para evitar que as pessoas percam a disciplina e ameacem assim a coerência social. Mas há uma razão ainda mais importante: as pessoas que acreditam firmemente em Cristo como o grande amoroso, o Deus que se sacrifica, podem, de forma alienada, transformar essa crença na experiência de que é Jesus quem ama *por elas*. Jesus se torna, assim, um ídolo; a crença nele se torna o substituto do próprio ato de amar. Numa fórmula simples e inconsciente: "Cristo ama por nós; podemos seguir o padrão do herói grego, mas somos salvos porque a 'fé' alienada em Cristo é um substituto para a *imitação* de Cristo". Desnecessário dizer que a crença cristã é também um disfarce barato para atitudes predatórias das pessoas. Por fim, acredito que os seres humanos são tão profundamente dotados de uma necessidade de amar que agir como lobos nos leva necessariamente a uma consciência culpada. Nossa crença professada no amor nos anestesia até certo ponto contra a dor do sentimento inconsciente de culpa por estarmos inteiramente isentos de amor.

"Religião industrial"

O desenvolvimento religioso e filosófico após o fim da Idade Média é demasiado complexo para ser tratado no presente volume. Ele pode ser caracterizado pela luta entre dois princípios: a tradição espiritual cristã em formas teológicas ou filosóficas e a tradição pagã de idolatria e desumanidade que assumiu muitas formas no desenvolvimento do que poderia ser chamado de "religião do industrialismo e da era cibernética".

Seguindo a tradição do final da Idade Média, o humanismo do Renascimento foi o primeiro grande florescimento do espírito "religioso" após o fim da Idade Média. As ideias de dignidade humana, de unidade da raça humana, de unidade política e religiosa universal encontraram nele uma expressão livre. O Iluminismo dos séculos 17 e 18 expressou outro grande florescimento do humanismo. Carl Becker (1932) mostrou até que ponto a filosofia do Iluminismo expressava a "atitude religiosa" que encontramos nos teólogos do século 13: "Se examinarmos o fundamento dessa fé, descobriremos que a cada passo os *Filósofos* traíram a sua dívida para com o pensamento medieval sem se aperceberem disso". A Revolução Francesa, à qual a filosofia do Iluminismo havia dado origem, foi mais do que uma revolução política. Como observou Tocqueville (citado por Becker), foi uma "revolução política que funcionou da mesma maneira e assumiu, em certo sentido, o mesmo aspecto de uma *revolução religiosa* (grifos meus). Tal como o islamismo e a revolta protestante, ela transbordou as fronteiras de países e nações e foi alargada pela pregação e pela propaganda".

O humanismo radical dos séculos 19 e 20 é descrito mais tarde, na minha discussão sobre o protesto humanista contra o paganismo da era industrial. Mas, para fornecer uma base para essa discussão, devemos agora olhar para o novo paganismo que se desenvolveu lado a lado com o humanismo, ameaçando, no presente momento da história, destruir-nos.

A mudança que preparou a primeira base para o desenvolvimento da "religião industrial" foi a eliminação, por Lutero, do elemento maternal na Igreja. Embora possa parecer um desvio desnecessário, devo abordar um pouco esse problema, porque ele é importante para a nossa compreensão do desenvolvimento da nova religião e do novo caráter social.

As sociedades foram organizadas de acordo com dois princípios: patricêntrico (ou patriarcal) e matricêntrico (ou matriarcal). O princípio matricêntrico, como J. J. Bachofen e L. H. Morgan demonstraram pela primeira vez, está centrado na figura da mãe amorosa. O princípio materno é o do *amor incondicional*; a mãe ama seus filhos e filhas não porque lhe agradem, mas porque são filhos dela (ou de outra mulher). Por essa razão, o amor da mãe não pode ser conquistado pelo bom comportamento, nem pode ser perdido pelo pecado. O amor materno é *misericórdia* e *compaixão* (em hebraico *rachamim*, cuja raiz é *rechem*, o "útero").

O amor paterno, pelo contrário, é *condicional*; depende do merecimento e do bom comportamento da criança; o pai ama mais o filho parecido com ele, isto é, aquele que ele deseja que herde seus bens. O amor do pai pode ser perdido, mas também pode ser recuperado através do arrependimento e da submissão renovada. O amor do pai é *justiça*.

Os dois princípios, o feminino-maternal e o masculino-paternal, correspondem não só à presença de um lado masculino e feminino em qualquer ser humano, mas especificamente à necessidade de misericórdia *e* justiça em cada homem e mulher. O anseio mais profundo do ser humano parece ser uma constelação em que os dois polos (maternidade e paternidade, feminino e masculino, misericórdia e justiça, sentimento e pensamento, natureza e intelecto) estão unidos numa síntese, na qual ambos os lados da polaridade perdem seu antagonismo e, em vez disso, colorem uns aos outros. Embora tal síntese não possa ser plenamente alcançada numa sociedade patriarcal, ela existiu até certo ponto na Igreja Romana. A Virgem, a Igreja como a mãe todo-amorosa, o papa e o sacerdote como figuras maternais representavam o amor maternal, incondicional e que perdoa tudo, lado a lado com os elementos paternos de uma burocracia estrita e patriarcal, com o papa no topo governando pelo poder.

Correspondia a esses elementos maternos do sistema religioso a relação com a natureza no processo de produção: o trabalho do camponês, bem como o do artesão, não era um ataque explorador e hostil contra a natureza. Era uma cooperação com a natureza: não violar, mas transformar a natureza de acordo com suas próprias leis.

Lutero estabeleceu uma forma puramente patriarcal de cristianismo no norte da Europa, baseada na classe média urbana e nos príncipes seculares. A essência desse novo caráter social é a submissão à autoridade patriarcal, sendo o *trabalho* a única forma de obter amor e aprovação.

Por trás da fachada cristã surgiu uma nova religião *secreta*, a "religião industrial", que está enraizada na estrutura de caráter da sociedade moderna, mas não é reconhecida como "religião". A religião industrial é completamente incompatível com o cristianismo genuíno. Ela reduz as pessoas a servas da economia e do maquinário que suas próprias mãos constroem.

A religião industrial tinha como base um novo caráter social. O seu centro era o medo e a submissão a autoridades masculinas poderosas, o cultivo do sentimento de culpa pela desobediência, a dissolução dos laços da solidariedade humana pela supremacia do interesse próprio e do antagonismo mútuo. O "sagrado" na religião industrial era o trabalho, a propriedade, o lucro e o poder, embora ela promovesse o individualismo e a liberdade dentro dos limites dos seus princípios gerais. Ao transformar o cristianismo numa religião estritamente patriarcal, ainda era possível expressar a religião industrial usando a terminologia cristã.

O "caráter mercadológico" e a "religião cibernética"

O fato mais importante para a compreensão tanto do caráter quanto da religião secreta da sociedade humana contemporânea é a mudança no caráter social da era anterior do capitalismo até a segunda parte do século 20. O caráter autoritário-obsessivo-acumulativo que começou a se desenvolver no século 16 e continuou a ser a estrutura de caráter dominante, pelo menos nas classes médias, até o final do século 19 foi lentamente misturado ou substituído pelo *caráter mercadológico*. (Descrevi as combinações de várias orientações de caráter em *Análise do homem*.)

Chamei esse fenômeno de caráter mercadológico porque ele se baseia na experiência de si mesmo como uma mercadoria e do seu valor não como "valor de uso", mas como "valor de troca".[31] O ser vivo se torna uma mercadoria no "mercado da personalidade". A forma de valoração é a mesma tanto no mercado de personalidades como no de mercadorias: num deles, personalidades são colocadas à venda; no outro, mercadorias. O valor em ambos os casos é o seu valor de troca, para o qual o "valor de uso" é um bem necessário, mas não uma condição suficiente.

Embora a proporção entre competências e qualidades humanas, por um lado, e de personalidade, por outro, como pré-requisitos para o sucesso seja variável, o "fator personalidade" desempenha sempre um papel decisivo. O sucesso depende em grande parte de quão bem as pessoas se vendem no mercado, de quão bem transmitem sua personalidade, de serem ou não o "pacote completo"; se são "alegres", "sensíveis", "agressivos", "confiáveis", "ambiciosos"; além disso, quais são os seus antecedentes familiares, a que clubes pertencem e se conhecem as pessoas "certas". O tipo de personalidade exigida depende, até certo ponto, da área especial em que uma pessoa pode escolher trabalhar. Um corretor da bolsa, uma vendedora, um secretário, um executivo ferroviário, uma professora universitária ou um gerente de hotel devem oferecer, cada um, um tipo diferente de personalidade que, independentemente de suas diferenças, deve preencher uma condição: estar em demanda.

---

[31] Na teoria de Marx, o valor de uso de uma mercadoria é o seu valor na satisfação de uma necessidade humana, ao passo que o valor de troca é o valor que a mercadoria assume em relação a outras mercadorias pelas quais possa ser trocada. [N.E.]

O que molda a atitude de alguém em relação a si próprio é o fato de que a habilidade e o equipamento para realizar uma determinada tarefa não são suficientes; para ter sucesso, é preciso ser capaz de "expressar a própria personalidade" em concorrência com muitos outros. Se confiar naquilo que se sabe e no que se pode fazer fosse suficiente para ganhar a vida, a autoestima de alguém seria proporcional às suas capacidades, isto é, ao seu valor de uso. Mas como o sucesso depende em grande parte da forma como vendemos nossa personalidade, a pessoa se sente como uma mercadoria ou, melhor, se sente ao mesmo tempo como o vendedor *e* a mercadoria a ser vendida. As pessoas não estão preocupadas com a vida e a felicidade, mas em se tornar vendáveis.

O objetivo do caráter mercadológico é a adaptação completa, de modo a ser desejável sob quaisquer condições do mercado da personalidade. As personalidades do caráter mercadológico nem sequer *têm* egos (como tinham as pessoas no século 19) aos quais se agarrar, que lhes pertençam, que não mudem. Pois elas mudam constantemente seus egos, de acordo com o princípio: "Eu sou como você me deseja".

Aqueles com a estrutura de caráter mercadológico não têm objetivos, exceto se movimentar, fazer as coisas com a maior eficiência; se lhes perguntarem por que razão devem agir tão rapidamente, por que é que as coisas têm de ser feitas com a maior eficiência, não têm uma resposta genuína, mas oferecem racionalizações, tais como, "para criar mais empregos", ou "para manter a empresa crescendo". Têm pouco interesse (pelo menos conscientemente) por questões filosóficas ou religiosas, como *por que* alguém vive e *por que* alguém está indo nessa direção, e não em outra. Têm egos grandes e em constante mudança, mas nenhuma dessas pessoas tem um eu, uma essência, um senso de identidade. A "crise de identidade" da sociedade moderna é na verdade a crise produzida pelo fato de seus membros terem se tornado instrumentos abnegados, cuja identidade está assentada na sua participação nas corporações (ou em outras burocracias gigantescas), tal como a identidade de um indivíduo primitivo se baseia na adesão ao clã.

O caráter mercadológico não ama nem odeia. Essas emoções "antiquadas" não se enquadram em uma estrutura de caráter que funciona quase inteiramente no nível cerebral e evita sentimentos, sejam eles bons ou maus, porque eles interferem em seu objetivo principal: vender e trocar – ou, para ser ainda mais preciso, *funcionar* de acordo com a lógica da "megamáquina" da qual fazem parte, sem fazer qualquer pergunta, exceto quão bem funcionam, como indicado pelo seu avanço na burocracia.

Como os caracteres mercadológicos não têm nenhum apego profundo a si mesmos ou aos outros, eles não se importam, em qualquer sentido profundo da palavra, não porque sejam muito egoístas, mas porque suas relações com as outras pessoas e consigo mesmos são muito tênues. Isso também pode explicar por que não estão preocupados com o perigo da catástrofe nuclear e ecológica, embora conheçam todos os dados que apontam para esses perigos. O fato de não estarem preocupados com o perigo para as suas vidas pessoais ainda pode ser explicado pela suposição de que têm grande coragem e altruísmo; mas a falta de preocupação até mesmo com os filhos e netos exclui tal explicação. A falta de preocupação em todos esses níveis é o resultado da perda de quaisquer laços emocionais, mesmo com aqueles "mais próximos" deles. O fato é que ninguém é próximo dos caracteres mercadológicos; nem eles são próximos de si mesmos.

A intrigante questão de por que os seres humanos contemporâneos gostam de comprar e consumir, e ainda assim são tão pouco apegados ao que compram, encontra a sua resposta mais significativa no fenômeno do caráter mercadológico. A falta de apego dessas pessoas também as torna indiferentes às coisas. O que importa talvez seja o prestígio ou o conforto que as coisas proporcionam, mas as coisas em si não têm substância. Elas são totalmente dispensáveis, assim como amigos ou amantes, que também são dispensáveis por não existir nenhum vínculo mais profundo com nenhum deles.

O objetivo do caráter mercadológico, o "funcionamento adequado" sob determinadas circunstâncias, faz com que se reaja ao mundo principalmente de forma cerebral. A razão no sentido de *compreensão* é uma qualidade exclusiva do *Homo sapiens*; a *inteligência manipuladora* como ferramenta para a consecução de propósitos práticos é comum a animais e humanos. A inteligência manipuladora sem razão é perigosa porque faz com que as pessoas se movam em direções que podem ser autodestrutivas do ponto de vista da razão. De fato, quanto mais brilhante for a inteligência manipuladora descontrolada, mais perigosa ela será.

Foi ninguém menos que Charles Darwin quem demonstrou as consequências e a tragédia humana de um intelecto puramente científico e alienado. Ele escreve em sua autobiografia que, até os 30 anos, foi intensamente afeito a música, poesia e imagens, mas que por muitos anos depois perdeu todo o gosto por esses interesses: "Minha mente parece ter se tornado uma espécie de máquina para extrair leis gerais de grandes coleções de fatos. [...] A perda desses gostos é uma perda de felicidade e pode talvez ser prejudicial ao intelecto e, mais provavelmente, ao caráter moral, ao enfraquecer a parte emocional de nossa natureza" (citado por E. F. Schumacher; q.v.).

O processo que Darwin descreve continuou desde sua época em ritmo acelerado; a separação entre razão e coração está quase completa. É de especial interesse que essa deterioração da razão não tenha ocorrido na maioria dos principais investigadores das ciências mais exigentes e revolucionárias (na física teórica, por exemplo), que eram pessoas profundamente preocupadas com questões filosóficas e espirituais. Refiro-me a indivíduos como Albert Einstein, Niels Bohr, Leó Szilárd, Werner Heisenberg, Erwin Schrödinger.

A supremacia do pensamento cerebral e manipulador anda de mãos dadas com uma atrofia da vida emocional. Como ela não é cultivada nem necessária, sendo antes um impedimento ao funcionamento ideal, a vida emocional tem permanecido atrofiada, nunca amadurecendo além do nível de uma criança. Como resultado, pessoas com caráter mercadológico são peculiarmente ingênuas no que diz respeito a problemas emocionais. Elas podem ser atraídas por "pessoas emotivas", mas, devido à sua própria ingenuidade, muitas vezes não conseguem discernir se essas pessoas são genuínas ou falsas. Isso pode explicar por que tantos charlatões conseguem ter sucesso nos campos espiritual e religioso; também pode explicar por que é que os políticos que incitam emoções fortes têm um grande apelo sobre pessoas com caráter mercadológico – e por que é que elas não conseguem discriminar entre uma pessoa genuinamente religiosa e o produto de relações públicas que finge fortes emoções religiosas.

O termo *caráter mercadológico* não é de forma alguma o único a descrever esse tipo de pessoas. Ele também pode ser descrito usando um termo marxiano, o *caráter alienado*: pessoas com esse caráter são alienadas de seu trabalho, de si mesmas, de outros seres humanos e da natureza. Em termos psiquiátricos, o caráter mercadológico poderia ser chamado de caráter esquizoide; mas o termo pode ser ligeiramente enganador, porque uma pessoa esquizoide que vive com outras pessoas esquizoides, tem um bom desempenho e é bem-sucedida, devido ao seu caráter esquizoide, carece inteiramente da sensação de desconforto que esse caráter tem num ambiente mais "normal".

Durante a revisão final do original deste livro, tive a oportunidade de ler o próximo trabalho de Michael Maccoby, *The Gamesman:*

The New Corporate Leaders [O jogador: os novos líderes corporativos], em manuscrito. Nesse estudo penetrante, Maccoby analisa a estrutura de caráter de 250 executivos, gerentes e engenheiros em doze das grandes empresas mais bem administradas dos Estados Unidos. Muitas de suas descobertas confirmam o que descrevi como características da pessoa cibernética, particularmente a predominância da esfera cerebral junto com o subdesenvolvimento da esfera emocional. Considerando que os executivos e gestores descritos por Maccoby estão e estarão entre os líderes da sociedade estadunidense, a importância social de suas conclusões é substancial.

Os dados a seguir, extraídos por Maccoby de suas três a vinte entrevistas pessoais com cada membro do grupo estudado, nos dão uma imagem clara desse tipo de caráter.[32]

Profundo interesse científico em compreender, senso dinâmico de trabalho, animado	0%
Centrado, animador, um pouco artesão, mas falta interesse científico mais profundo na natureza das coisas	22%
O trabalho em si estimula o interesse, que não é autossustentado	58%
Moderadamente produtivo, não centrado. O interesse no trabalho é essencialmente instrumental, para garantir segurança, renda	18%
Passivo e improdutivo, difuso	2%
Rejeita o trabalho, rejeita o mundo real	0%
	100%

Duas características são surpreendentes: (1) um interesse profundo pela compreensão ("razão") está ausente, e (2) para a grande maioria, ou o estímulo do seu trabalho não é autossustentado, ou o trabalho é essencialmente um meio de garantir segurança econômica.

---

32 Publicado com permissão. Cf. um estudo paralelo de Ignacio Millán, *The Character of Mexican Executives* [O caráter de executivos mexicanos].

Em completo contraste está a imagem do que Maccoby chama de "escala do amor":

Amoroso, afirmativo, estimulante criativamente	0%
Responsável, caloroso, afetuoso, mas não profundamente amoroso	5%
Interesse moderado por outra pessoa, com mais possibilidades amorosas	40%
Preocupação convencional, decente, orientada para o papel	41%
Passivo, sem amor e desinteressado	13%
Rejeição da vida, coração endurecido	1%
	100%

Ninguém no estudo pôde ser caracterizado como profundamente amoroso, embora 5% apareçam como "calorosos e afetuosos". Todos os demais são listados como tendo interesse moderado, ou preocupação convencional, ou como desamorosos, ou rejeitando abertamente a vida – de fato, um quadro impressionante de subdesenvolvimento emocional em contraste com a proeminência do cerebralismo.

A "religião cibernética" do caráter mercadológico corresponde a essa estrutura total de caráter. Esconde-se atrás da fachada do agnosticismo ou do cristianismo uma religião totalmente pagã, embora as pessoas não tenham consciência dela como tal. Essa religião pagã é difícil de descrever, uma vez que só pode ser inferida a partir do que as pessoas fazem (ou *não* fazem), e não dos seus pensamentos conscientes sobre a religião ou os dogmas de uma organização religiosa. O mais surpreendente, à primeira vista, é que o Homem se tornou um deus por ter adquirido a capacidade técnica para uma "segunda criação" do mundo, substituindo a primeira criação feita pelo Deus da religião tradicional. Podemos formular também assim: transformamos a máquina num deus e nos tornamos semelhantes a deus ao servir à máquina. Pouco importa a formulação que escolhemos; o que importa é que os seres humanos, no estado de sua maior *impotência* real, se *imaginam* em uma conexão com a ciência e a técnica para serem *onipotentes*.

Esse aspecto da religião cibernética corresponde a um período de desenvolvimento mais esperançoso. Mas quanto mais ficamos presos no nosso isolamento, na nossa falta de resposta emocional ao mundo e, ao mesmo tempo, quanto mais inevitável parece ser um fim catastrófico, mais maligna se torna a nova religião. Deixamos de ser mestres da técnica e nos tornamos seus escravos – e a técnica, outrora um elemento vital da criação, mostra sua outra face como a deusa da destruição (feito a deusa indiana Kali), à qual homens e mulheres estão dispostos a sacrificar a si mesmos e a seus filhos. Embora ainda se apegue conscientemente à esperança de um futuro melhor, a humanidade cibernética reprime o fato de ter se tornado adoradora da deusa da destruição.

Essa tese tem muitos tipos de provas, mas nenhuma mais convincente do que estas duas: que as grandes (e mesmo algumas pequenas) potências continuam a construir armas nucleares com capacidade de destruição cada vez maior e não chegam à única solução sensata – a destruição de todas as armas nucleares e das centrais de energia atômica que fornecem o material para armas nucleares, e que praticamente nada é feito para acabar com o perigo de uma catástrofe ecológica. Em suma, nada de sério está sendo feito para planejar a sobrevivência da raça humana.

O protesto humanista

A desumanização do caráter social e a ascensão das religiões industrial e cibernética levaram a um movimento de protesto, à emergência de um novo humanismo, que tem suas raízes no humanismo cristão e filosófico que vem da Baixa Idade Média até o Iluminismo. Esse protesto encontrou expressão tanto em formulações filosóficas teístas cristãs como em formulações filosóficas panteístas ou não teístas. Veio de dois lados opostos: dos românticos, que eram politicamente conservadores, e dos marxianos e outros socialistas (e de alguns anarquistas). A direita e a esquerda foram unânimes nas suas críticas ao sistema industrial e aos danos que ele causou aos seres humanos. Pensadores católicos, como Franz von Baader, e líderes políticos conservadores, como Benjamin Disraeli, formularam o problema, por vezes de formas idênticas às de Marx.

Os dois lados diferiram na forma como imaginavam as possibilidades de os seres humanos serem salvos do perigo de se transformarem em coisas. Os românticos da direita acreditavam que a única maneira era parar o "progresso" desenfreado do sistema industrial e regressar às formas anteriores da ordem social, embora com algumas modificações.

O protesto da esquerda pode ser chamado de *humanismo radical*, embora às vezes tenha sido expresso em termos teístas e, outras vezes, em termos não teístas. Os socialistas acreditavam que o desenvolvimento econômico não poderia ser interrompido, que não se poderia regressar a uma forma anterior de ordem social, e que o único caminho para a salvação consistia em avançar e criar uma nova sociedade para libertar as pessoas da alienação, da submissão à máquina e do destino de serem desumanizadas. O socialismo foi a síntese da tradição religiosa medieval e do espírito pós-renascentista do pensamento científico e da ação política. Foi, tal como o budismo, um movimento de massas "religioso" que, embora falasse em termos seculares e ateus, visava à libertação dos seres humanos do egoísmo e da ganância.

É necessário pelo menos um breve comentário para explicar a minha caracterização do pensamento marxiano, tendo em vista a sua completa perversão pelo comunismo soviético e pelo socialismo ocidental reformista num materialismo que visa alcançar riqueza para todos. Como

Hermann Cohen, Ernst Bloch e vários outros estudiosos afirmaram durante as últimas décadas, o socialismo foi a expressão secular do messianismo profético. Talvez a melhor maneira de demonstrar isso seja citar a caracterização do Tempo Messiânico do Código de Maimônides:

> Os Sábios e Profetas não ansiavam pelos dias do Messias, em que Israel exerceria domínio sobre o mundo, ou governaria os pagãos, ou seria exaltada pelas nações, ou que poderia comer, beber e regozijar-se. A aspiração deles era a de que Israel fosse livre para se dedicar à Lei e à sua sabedoria, sem ninguém para oprimi-la ou perturbá-la, e assim ser digna da vida no mundo vindouro.
>
> Nesta época não haverá fome nem guerra, nem ciúme nem conflito. Os bens terrenos[33] serão abundantes, e os confortos, ao alcance de todos. A única preocupação do mundo inteiro será conhecer o Senhor. Consequentemente, os israelitas serão muito sábios, conhecerão as coisas que agora estão ocultas e alcançarão uma compreensão de seu criador ao máximo da capacidade da mente humana, como está escrito: "Pois a terra se encherá do conhecimento do Senhor como as águas cobrem o mar" (Isaías 11:9).

Nessa descrição, o objetivo da história é permitir que os seres humanos se dediquem inteiramente ao estudo da sabedoria e do conhecimento de Deus; e não ao poder ou ao luxo. O Tempo Messiânico é o da paz universal, ausência de inveja e abundância material. Essa imagem está muito próxima do conceito de objetivo da vida tal como Marx o expressou no final do terceiro volume do seu *O capital*:

> O reino da liberdade não começa até que seja ultrapassado o ponto em que o trabalho sob a compulsão da necessidade e da utilidade externa é exigido.

---

33 Tradução minha da expressão em hebraico, contraposta ao "bênçãos" da tradução de Hershman, publicada pela Yale University Press.

Está na própria natureza das coisas, para além da esfera da produção material no sentido estrito do termo. Assim como o selvagem deve lutar com a natureza a fim de satisfazer as suas necessidades, a fim de manter a sua vida e reproduzi-la, também o homem civilizado tem de fazê-lo, e deve fazê-lo em todas as formas sociais e sob todos os modos de produção possíveis. Com o seu desenvolvimento, o reino da necessidade natural se expande, porque as suas necessidades aumentam; mas, ao mesmo tempo, aumentam as forças de produção, através das quais essas necessidades são satisfeitas. A liberdade nesse domínio não pode consistir em outra coisa senão no fato de o homem socializado, os produtores associados, regular racionalmente o seu intercâmbio com a natureza, colocando-a sob o seu controle comum em vez de serem governados por ela como se por algum poder cego; que cumpram a sua tarefa com o mínimo dispêndio de energia e nas condições mais adequadas à sua natureza humana e *mais dignas dela*. Mas sempre permanece um reino de necessidade. Além dele começa o *desenvolvimento do poder humano que é o seu próprio fim*, o verdadeiro reino da liberdade, que, no entanto, só pode florescer tendo como base esse reino da necessidade. A redução da jornada de trabalho é sua premissa fundamental. (Grifos meus.)

Marx, como Maimônides – e em contraste com outros ensinamentos judaicos e cristãos de salvação – não postula uma solução escatológica final; permanece a discrepância entre o Homem e a natureza, mas o domínio da necessidade é colocado sob o controle humano tanto quanto possível: "Mas permanece sempre um domínio da necessidade". O objetivo é "*aquele desenvolvimento do poder humano que é o seu próprio fim, o verdadeiro reino de liberdade*" (grifos meus). A visão de Maimônides de que "a preocupação do mundo inteiro será conhecer o Senhor" é para Marx o "desenvolvimento do poder humano... [que é] seu próprio fim".

Ter e ser como duas formas diferentes de existência humana estão no centro das ideias de Marx para o surgimento do novo Homem. Com essas formas, Marx passa de categorias econômicas para categorias psicológicas e antropológicas que são, como vimos na nossa discussão sobre o Antigo e o Novo Testamento e sobre Eckhart, ao mesmo tempo categorias "religiosas" fundamentais. Marx escreveu: "A propriedade privada nos tornou tão estúpidos e parciais que um objeto só é nosso quando o possuímos, quando existe para nós enquanto capital ou quando é diretamente comido, bebido, usado, habitado etc., em suma, *utilizado* de alguma forma. [...] Assim, *todos* os sentidos físicos e intelectuais foram substituídos pela simples alienação de *todos* esses sentidos; a sensação de *ter*. O ser humano teve que ser reduzido a essa pobreza absoluta para poder fazer nascer toda a sua riqueza interior. (Sobre a categoria de *ter*, ver Hess em *Einundzwanzig Bogen*.)".[34]

O conceito de ser e ter de Marx está resumido na sua frase: "Quanto menos você é e menos expressa sua vida – mais você *tem* e maior é sua vida alienada. [...] Tudo o que o economista tira de você em termos de vida e de humanidade, ele devolve a você na forma de dinheiro e riqueza".

A "sensação de ter" sobre a qual Marx fala aqui é precisamente a mesma que a "egolimitação" sobre a qual fala Eckhart, o desejo por coisas e pelo ego. Marx se refere ao *modo de existência do ter*, não à posse como tal, não à propriedade privada não alienada como tal. O objetivo não é o luxo e a riqueza, nem a pobreza; na verdade, *tanto* o luxo *quanto* a pobreza são considerados por Marx como vícios. A pobreza absoluta é a condição para dar à luz a riqueza interior.

---

[34] Essa e as próximas citações são dos *Manuscritos econômico-filosóficos*, de Marx, traduzidos para o inglês no volume *Marx's Concept of Man* [O conceito de homem segundo Marx].

O que é esse ato de dar à luz? É a expressão ativa e não alienada de nossa faculdade em relação aos objetos correspondentes. Marx continua: "Todas as relações *humanas* com o mundo – ver, ouvir, cheirar, saborear, tocar, pensar, observar, sentir, desejar, agir, amar – em suma, todos os órgãos da sua individualidade [...] são na sua ação objetiva [sua *ação em relação ao objeto*] a apropriação desse objeto, a apropriação da realidade humana". Essa é a forma de apropriação no modo do *ser*, não no modo do ter. Marx expressou essa forma de atividade não alienada na seguinte passagem:

> Suponhamos que o *homem* seja *homem* e que sua relação com o mundo seja humana. Então o amor só pode ser trocado por amor, confiança por confiança etc. Se você deseja desfrutar da arte, deve ser uma pessoa artisticamente cultivada; se você deseja influenciar outras pessoas, deve ser uma pessoa que realmente exerça um efeito estimulante e encorajador sobre os outros. Cada uma das suas relações com o homem e com a natureza deve ser uma *expressão específica*, correspondente ao objeto da sua vontade, da sua vida *individual real*. Se você ama sem evocar amor em troca, ou seja, se você não é capaz, pela *manifestação* de si mesmo como uma *pessoa amorosa*, de se tornar uma *pessoa amada*, então seu amor é impotente e uma desgraça.

Mas as ideias de Marx foram rapidamente pervertidas, talvez por ele ter vivido cem anos cedo demais. Tanto ele como Engels pensavam que o capitalismo já tinha atingido o fim das suas possibilidades e, portanto, que a revolução estava logo na esquina. Mas eles estavam completamente enganados, como Engels afirmaria após a morte de Marx. Eles tinham pronunciado o seu novo ensinamento no auge do desenvolvimento capitalista, e não previram que levaria mais de cem anos para que o declínio do capitalismo e a crise final começassem. Era uma necessidade histórica que uma ideia anticapitalista, propagada no auge do capitalismo, tivesse de ser totalmente transformada no espírito capitalista se quisesse ser bem-sucedida. E foi isso o que realmente aconteceu.

Os social-democratas ocidentais e os seus ferrenhos oponentes, os comunistas dentro e fora da União Soviética, transformaram o socialismo num conceito puramente econômico, cujo objetivo era o consumo máximo, a utilização máxima das máquinas. Khrushchev, com o seu conceito de comunismo "*goulash*", com a sua maneira simples e popular, deixou entrever a verdade: o objetivo do socialismo era dar a toda a população o mesmo prazer de consumo que o capitalismo dava apenas a uma minoria. O socialismo e o comunismo foram construídos sobre o conceito burguês de materialismo. Algumas frases dos primeiros escritos de Marx (que, no seu conjunto, foram desvalorizadas como erros "idealistas" do "jovem" Marx) eram recitadas tão ritualisticamente quanto as palavras dos evangelhos são no Ocidente.

O fato de Marx ter vivido no auge do desenvolvimento capitalista teve outra consequência: como filho do seu tempo, Marx não pôde deixar de adotar atitudes e conceitos correntes no pensamento e na prática burgueses. Assim, por exemplo, certas inclinações autoritárias na sua personalidade, bem como nos seus escritos, foram moldadas pelo espírito burguês patriarcal, e não pelo espírito do socialismo. Ele seguiu o padrão dos economistas clássicos na sua construção do socialismo "científico" *versus* o socialismo "utópico". Tal como os economistas afirmavam que a economia seguia as suas próprias leis de forma bastante independente da vontade humana, Marx sentiu a necessidade de provar que o socialismo se desenvolveria *inescapavelmente* de acordo com as leis da economia. Por consequência, ele às vezes tendia a desenvolver formulações que poderiam ser mal interpretadas como deterministas, não dando um papel suficiente à vontade e à imaginação humanas no processo histórico. Essas concessões não intencionais ao espírito do capitalismo facilitaram o processo de perversão do sistema de Marx em um que não fosse fundamentalmente diferente do capitalismo.

Se Marx tivesse proferido suas ideias hoje, no início do declínio do capitalismo, sua verdadeira mensagem teria tido a oportunidade de ser influente ou mesmo vitoriosa, desde que se possa fazer tal conjectura histórica. Do jeito que está, até as palavras "socialismo" e "comunismo" estão comprometidas. De qualquer forma, qualquer partido socialista ou comunista que pudesse pretender representar o pensamento marxiano teria de se basear na convicção de que os regimes soviéticos não são sistemas socialistas em nenhum sentido, de que o socialismo é incompatível com um sistema social burocrático, centrado nas coisas e no consumo, que é incompatível com o materialismo e a cerebralização que caracterizam o sistema soviético, tal como o sistema capitalista.

A corrupção do socialismo explica o fato de que os genuínos pensamentos humanistas radicais frequentemente provêm de grupos e indivíduos que não estavam identificados com as ideias de Marx, ou que até se opunham a elas, por vezes depois de terem sido membros ativos do movimento comunista.

Embora seja impossível mencionar aqui todos os humanistas radicais do período pós-marxiano, alguns exemplos do seu pensamento são fornecidos nas páginas a seguir. Embora as conceitualizações desses humanistas radicais difiram amplamente, e por vezes pareçam se contradizer por completo, todos eles partilham as seguintes ideias e atitudes:

- que a produção deve servir às necessidades reais das pessoas, e não às exigências do sistema econômico;
- que deve ser estabelecida uma nova relação entre as pessoas e a natureza; uma relação de cooperação, e não de exploração;
- que o antagonismo mútuo deve ser substituído pela solidariedade;

- que o objetivo de todos os arranjos sociais deve ser o bem-estar humano e a prevenção do mal-estar;
- que não se deve lutar pelo consumo máximo, mas pelo consumo sensato, que promova o bem-estar;
- que o indivíduo deve ser um participante ativo, e não passivo, na vida social.[35]

Albert Schweitzer parte da premissa radical da crise iminente da cultura ocidental. "É óbvio para todo mundo", afirma, "que estamos num processo de autodestruição cultural. O que resta também não está mais assegurado. Ainda existe porque não foi exposto à pressão destrutiva à qual o resto já sucumbiu. Mas também é construído sobre cascalho [*Geröll*]. O próximo deslizamento de terra [*Bergrutsch*] pode levá-lo consigo. [...] A capacidade cultural do Homem moderno resta diminuída, já que as circunstâncias que o rodeiam o diminuem e o prejudicam psiquicamente."[36]

Caracterizando o ser industrial como "não livre... desconcentrado... incompleto... em perigo de perder a sua humanidade", ele continua: "Porque a sociedade, com a sua organização desenvolvida, exerce um poder anteriormente desconhecido sobre o Homem, a dependência que o Homem tem dela cresceu a tal ponto que ele quase deixou de viver uma existência mental [*geistig*] própria. [...] Assim, adentramos uma nova Idade Média. Por um ato geral de vontade, a liberdade de pensamento foi colocada fora do jogo, porque muitos desistem de pensar enquanto indivíduos livres e são guiados pelo coletivo ao qual pertencem. [...]

---

35 As visões socialistas humanistas podem ser consultadas em *Socialist Humanism* [Humanismo socialista], E. Fromm (org.).

36 Essas e as subsequentes passagens de Schweitzer são traduções feitas por mim de *Die Schuld der Philosophie an dem Niedergang der Kultur* [A culpa da filosofia no declínio da cultura], publicado originalmente em 1923, mas rascunhado entre 1900 e 1917.

Com o sacrifício da independência de pensamento, perdemos – e como poderia ser de outra forma? – a fé na verdade. Nossa vida intelectual--emocional está desorganizada. *A superorganização de nossos assuntos públicos culmina na organização da negligência".* (Grifos meus.)

Ele enxerga a sociedade industrial como caracterizada não apenas pela falta de liberdade, mas também pelo "excesso de esforço" (*Überanstrengung*). "Durante dois ou três séculos, muitos indivíduos viveram apenas como seres *trabalhadores*, e não como seres humanos." A substância humana é atrofiada, e na educação dos filhos e filhas por tais pais e mães atrofiados um fator essencial para o seu desenvolvimento humano fica em falta. "Mais tarde, ele próprio submetido à sobreocupação, o adulto sucumbe cada vez mais à necessidade de distração superficial. [...] *A passividade absoluta, o desvio da atenção e o esquecimento de si mesmo são uma necessidade física para ele*" (grifos meus). Como consequência, Schweitzer defende a redução do trabalho, posicionando-se contra o consumo excessivo e o luxo.

Schweitzer, o teólogo protestante, insiste, tal como Eckhart, o monge dominicano, que a tarefa do Homem não é se retirar para uma atmosfera de egoísmo espiritual, distante dos assuntos do mundo, mas levar uma vida ativa na qual tenta contribuir para a perfeição espiritual da sociedade. "Se entre os indivíduos modernos há tão poucos cujos sentimentos humanos e éticos estão intactos, não menos importante é o fato de sacrificarem constantemente sua moralidade pessoal no altar da pátria, *em vez de estarem em constante intercâmbio vivo com o coletivo, dando-lhe o poder que leva o coletivo à sua perfeição*" (grifos meus).

Ele conclui que a atual estrutura cultural e social conduz a uma catástrofe da qual surgirá um novo Renascimento, "muito maior do que o antigo"; que devemos nos renovar em uma nova crença e atitude, a menos que queiramos perecer. "Essencial neste Renascimento será o princípio da atividade, que o pensamento racional entrega em nossas mãos, o único princípio racional e pragmático do desenvolvimento histórico produzido pelo Homem. [...] Tenho confiança na minha fé de que *essa revolução ocorrerá se decidirmos nos tornar seres humanos pensantes*" (grifos meus).

Provavelmente por Schweitzer ter sido um teólogo mais conhecido, pelo menos filosoficamente, pelo seu conceito de "reverência pela vida" como base da ética que as pessoas geralmente ignoram, ele foi um dos críticos mais radicais da sociedade industrial, desmascarando seu mito de progresso e felicidade geral. Ele reconheceu a decadência da sociedade humana e do mundo através da prática da vida industrializada; ele já enxergava, no início deste século, a fraqueza e a dependência do povo, o efeito destrutivo do trabalho obsessivo, a necessidade de menos trabalho e de menos consumo. Postulou a necessidade de um Renascimento da vida coletiva que seria organizado pelo espírito de solidariedade e reverência pela vida.

Essa apresentação do pensamento de Schweitzer não deve ser concluída sem apontar para o fato de que Schweitzer, em contraste com o otimismo metafísico do cristianismo, era um metafísico cético. Essa é uma das razões pelas quais ele se sentiu fortemente atraído pelo pensamento budista, no qual a vida não tem sentido dado e garantido por um ser supremo. Ele chegou a esta conclusão: "Se considerarmos o mundo como ele é, é impossível dotá-lo de um significado no qual os objetivos e metas do Homem e da Humanidade façam sentido". O único modo significativo de vida é a atividade no mundo; não a atividade em geral, mas a atividade de se doar e cuidar dos semelhantes. Schweitzer ofereceu essa resposta em seus escritos e vivendo-a na prática.

Há um parentesco notável nas ideias de Buda, Eckhart, Marx e Schweitzer: a exigência radical de abandonar a orientação ao ter; a insistência na independência completa; o ceticismo metafísico; a religiosidade não teísta;[37] e a exigência de atividade social no espírito do cuidado e da solidariedade humana. Contudo, esses professores por vezes não têm consciência desses elementos. Por exemplo, Eckhart geralmente não tem consciência do seu não teísmo; Marx, de sua religiosidade. A questão da interpretação, especialmente de Eckhart e Marx, é tão complexa que é impossível dar uma apresentação adequada da religião não teísta do ativismo solidário que faz desses professores os fundadores de uma nova religiosidade, uma que se ajusta às necessidades do novo Homem. Na continuação deste volume, analisarei as ideias desses professores.

Mesmo autores que não se pode chamar de humanistas radicais, uma vez que dificilmente transcendem a atitude transpessoal e mecanicista da nossa época (como os autores dos dois relatórios encomendados pelo Clube de Roma), não deixam de enxergar que uma radical mudança humana interior é a única alternativa à catástrofe econômica. Mesarovic e Pestel exigem uma "nova consciência mundial [...] uma nova ética na utilização dos recursos materiais [...] uma nova atitude em relação à natureza, baseada na harmonia, e não na conquista [...] um sentido de identificação com as gerações futuras. [...] Pela primeira vez na vida do Homem na Terra, é pedido a ele que se abstenha de fazer o que pode; é pedido a ele que restrinja o seu avanço econômico e tecnológico, ou pelo menos que o direcione de forma diferente de antes; todas as gerações futuras da Terra pedem a ele que partilhe a sua boa sorte com os desafortunados – não num espírito de caridade, mas num espírito de necessidade. É pedido a ele que se concentre agora no crescimento orgânico do sistema mundial total. Pode ele, em sã consciência, dizer

---

[37] Em uma carta para E. R. Jacobi, Schweitzer escreveu que "a religião do amor pode existir sem uma personalidade todo-poderosa" (*Divine Light* [Luz divina], n. 1, 1967).

não?". Eles concluem que sem essas mudanças humanas fundamentais, "o *Homo sapiens* está praticamente condenado".

O estudo tem algumas deficiências – para mim, a mais notável é não considerar os fatores políticos, sociais e psicológicos que impedem qualquer mudança. Indicar a tendência das mudanças necessárias em geral é inútil até que a isso se siga uma tentativa séria de considerar os obstáculos reais que impedem todas as sugestões. (Espera-se que o Clube de Roma enfrente o problema das mudanças sociais e políticas que são as precondições para atingir os objetivos gerais.) No entanto, permanece o fato de que esses autores tentaram, pela primeira vez, mostrar as necessidades e recursos econômicos de todo o mundo, e que, como escrevi na Introdução, pela primeira vez faz-se a exigência de uma mudança ética não como consequência de crenças éticas, mas como consequência racional da análise econômica.

Nos últimos anos, um número considerável de livros publicados nos Estados Unidos e na Alemanha levantaram a mesma exigência: subordinar a economia às necessidades das pessoas, primeiro para a nossa pura sobrevivência, depois para o nosso bem-estar. (Li ou examinei cerca de 35 desses livros, mas o número disponível é pelo menos o dobro.) A maioria desses autores concorda que o aumento material do consumo não significa necessariamente aumento do bem-estar; que uma mudança caracterológica e espiritual deve acompanhar as mudanças sociais necessárias; que, a menos que paremos de desperdiçar nossos recursos naturais e de destruir as condições ecológicas para a sobrevivência humana, é previsível uma catástrofe dentro de cem anos. Menciono aqui apenas alguns dos representantes mais destacados dessa nova economia humanística.

O economista E. F. Schumacher mostra em seu livro *Small Is Beautiful* [O pequeno é belo] que nossos fracassos são resultado de nossos sucessos e que nossas técnicas devem estar subordinadas às nossas reais necessidades humanas. "A economia como conteúdo da vida é uma doença mortal", escreve ele, "porque o crescimento infinito não cabe num mundo finito. Que a economia *não deveria* ser o conteúdo da vida foi dito à humanidade por todos os seus grandes mestres; hoje, é evidente que ela *não pode* ser. Se quisermos descrever a doença mortal com mais detalhes, podemos dizer que ela é semelhante a um vício, feito o alcoolismo ou a dependência de drogas. Não importa muito se esse vício aparece de uma forma mais egoísta ou mais altruísta, se procura a sua satisfação apenas de uma forma materialista grosseira ou também de uma forma artística, cultural ou cientificamente refinada. Veneno é veneno, mesmo embrulhado em papel prateado. [...] Se a cultura espiritual, a cultura do Homem interior, for negligenciada, então o egoísmo continua a ser o poder dominante no Homem, e um sistema de egoísmo, como o capitalismo, se adapta melhor a essa orientação do que um sistema de amor pelos semelhantes."

Schumacher traduziu os seus princípios ao conceber minimáquinas adaptadas às necessidades dos países não industrializados. É especialmente digno de nota que os seus livros ficam mais populares a cada ano – e não por uma grande campanha publicitária, mas pela propaganda boca a boca dos seus leitores.

Paul Ehrlich e Anne Ehrlich são dois autores estadunidenses cujo pensamento é semelhante ao de Schumacher. Em *Population, Resources, Environment: Issues in Human Ecology* [População, recursos, meio-ambiente: questões em ecologia humana], eles apresentam as seguintes conclusões sobre "a situação mundial atual":

1. Considerando a tecnologia e os padrões de comportamento atuais, o nosso planeta está hoje extremamente superpovoado.

2. O enorme número absoluto de pessoas e a taxa de crescimento populacional são grandes obstáculos à resolução dos problemas humanos.
3. Os limites da capacidade humana de produzir alimentos por meios convencionais foram quase alcançados. Problemas de abastecimento e distribuição já resultaram em cerca de metade da humanidade subnutrida ou desnutrida. Entre dez e vinte milhões de pessoas morrem de fome a cada ano.
4. As tentativas de aumentar ainda mais a produção de alimentos tenderão a acelerar a deterioração do nosso ambiente, o que, por sua vez, acabará por reduzir a capacidade da Terra de produzir alimentos. Não está claro se a degradação ambiental chegou ao ponto de ser essencialmente irreversível; é possível que a capacidade do planeta de sustentar a vida humana tenha sido permanentemente prejudicada. "Êxitos" tecnológicos como automóveis, pesticidas e fertilizantes inorgânicos à base de nitrogênio são as principais causas da deterioração ambiental.
5. Há razões para acreditar que o crescimento populacional aumenta a probabilidade de uma praga mundial letal e de uma guerra termonuclear. Qualquer um dos dois poderia fornecer uma "solução via mortandade" indesejável para o problema populacional; cada um deles é potencialmente capaz de destruir a civilização e até mesmo de levar o *Homo sapiens* à extinção.
6. Não existe uma panaceia tecnológica para o complexo de problemas que compõem a crise populacional, alimentar e ambiental, embora a tecnologia, devidamente aplicada a áreas como a redução da poluição, as comunicações e o controle da fertilidade, possa fornecer uma ajuda de peso. *As soluções básicas envolvem mudanças dramáticas e rápidas nas atitudes humanas*, especialmente aquelas relacionadas com o comportamento reprodutivo, o crescimento econômico, a tecnologia, o ambiente e a resolução de conflitos. (Grifos meus.)

Ende oder Wende [Fim ou mudança], de E. Eppler, é outro trabalho recente que merece menção. As ideias de Eppler são semelhantes às de Schumacher, embora menos radicais, e sua posição é talvez especialmente interessante por ele ser o líder do partido social-democrata em Baden--Württemberg e um protestante convicto. Dois livros que escrevi têm a mesma orientação: *A sociedade sã* e *A revolução da esperança*.

Mesmo entre os escritores do bloco soviético, no qual a ideia da restrição da produção sempre foi um tabu, há vozes que começam a sugerir que se considere uma economia sem crescimento. W. Harich, um marxista dissidente na República Democrática Alemã, propõe um equilíbrio econômico mundial estático, o único que pode garantir a igualdade e evitar o perigo de danos irreparáveis à biosfera. Além disso, em 1972, alguns dos mais destacados cientistas naturais, economistas e geógrafos da União Soviética se reuniram para discutir "O homem e o seu meio ambiente". A agenda trazia os resultados dos estudos do Clube de Roma, vistos de uma forma simpática e com espírito respeitoso, apontando os méritos consideráveis dos estudos, mesmo não concordando com eles. (Ver em "Technologie und Politik", nas Referências, um relatório dessa reunião.)

A mais importante expressão antropológica e histórica contemporânea do humanismo que é comum a essas várias tentativas de reconstrução social humanista pode ser encontrada em *O pentágono do poder*, de L. Mumford, e em todos os seus livros anteriores.

8. Condições para a mudança humana e as características do novo Homem

Supondo que a premissa esteja correta – que somente uma mudança fundamental no caráter humano, de uma preponderância do modo do ter para um modo de existência predominantemente voltado ao ser, pode nos salvar de uma catástrofe psicológica e econômica –, surge a questão: uma grande mudança caracterológica em grande escala é possível? E, em caso afirmativo, como ela poderia ser realizada?

Sugiro que o caráter humano *pode* mudar se as seguintes condições existirem:

1. Estamos sofrendo e temos consciência disso.
2. Reconhecemos a origem do nosso mal-estar.
3. Reconhecemos que existe uma forma de superar nosso mal-estar.
4. Aceitamos que, para superar o nosso mal-estar, devemos seguir certas normas e mudar a nossa atual prática de vida.

Esses quatro pontos correspondem às Quatro Nobres Verdades que formam a base dos ensinamentos do Buda, que tratam da condição geral da existência humana, embora não de casos de mal-estar humano devido a circunstâncias individuais ou sociais específicas.

O mesmo princípio de mudança que caracteriza os métodos do Buda também está subjacente à ideia de salvação de Marx. Para compreender isso, é necessário estar consciente de que, para Marx, como ele próprio disse, o comunismo não era um objetivo final, mas um passo no desenvolvimento histórico que iria libertar os seres humanos daquelas condições socioeconômicas e políticas que tornam as pessoas desumanas – prisioneiras de coisas, máquinas e da própria ganância.

O primeiro passo de Marx foi mostrar à classe trabalhadora do seu tempo, a classe mais alienada e miserável, que ela sofria. Ele tentou destruir as ilusões que tendiam a encobrir a consciência dos trabalhadores sobre a própria miséria. O segundo passo foi mostrar as *causas* desse sofrimento, que ele afirma estarem na natureza do capitalismo e no caráter de ganância, avareza e dependência que o sistema capitalista produz. Essa análise das causas do sofrimento dos trabalhadores (mas não *só* deles) contribuiu para o impulso principal do trabalho de Marx, a análise da economia capitalista.

O terceiro passo foi demonstrar que o sofrimento poderia ser eliminado se as condições para o sofrimento fossem eliminadas. Na quarta etapa, ele mostrou a nova prática de vida, o novo sistema social que estaria livre do sofrimento que o antigo sistema necessariamente tinha que produzir.

Em essência, o método de cura de Freud era semelhante. Os pacientes buscavam Freud porque sofriam e tinham consciência *de que* sofriam. Mas eles geralmente não tinham consciência de *por que* sofriam. A primeira tarefa habitual do psicanalista é ajudar os pacientes a abandonar as ilusões sobre o seu sofrimento e aprender em que realmente consiste o seu mal-estar. O diagnóstico da natureza do mal-estar individual ou social é uma questão de interpretação, e vários intérpretes podem divergir. A opinião que os próprios pacientes têm sobre por que sofrem é geralmente o dado menos confiável para um diagnóstico. A essência do processo psicanalítico é ajudar a conscientizar os pacientes sobre as *causas* de seu mal-estar.

Como consequência desse conhecimento, os pacientes podem chegar ao próximo passo: a percepção de que seu mal-estar pode ser curado, desde que as causas sejam eliminadas. Na opinião de Freud, isso significava suspender a repressão de certos eventos infantis. Contudo, a psicanálise tradicional parece essencialmente não concordar com a necessidade do quarto ponto. Muitos psicanalistas parecem pensar que, por si só, o *insight* sobre o conteúdo reprimido tem um efeito curativo. De fato, esse é frequentemente o caso, especialmente quando o paciente sofre de sintomas circunscritos, como sintomas histéricos ou obsessivos. Mas não acredito que algo duradouro possa ser alcançado por pessoas que sofrem de um mal-estar geral e para as quais é necessária uma mudança de caráter, *a menos que mudem a sua prática de vida de acordo com a mudança de caráter que pretendem alcançar.* Por exemplo, pode-se analisar a dependência dos indivíduos até o dia do juízo final, mas todos os *insights* obtidos não levarão a nada enquanto eles permanecerem nas mesmas situações práticas em que viviam antes de chegarem a esses *insights*. Para dar um exemplo simples: uma mulher cujo sofrimento está enraizado na dependência do pai, embora tenha uma visão das causas mais profundas da dependência, não mudará de verdade a menos que mude a sua prática de vida, por exemplo, separando-se do pai, não aceitando os seus favores, assumindo o risco e a dor que esses passos práticos em direção à independência implicam. *O insight separado da prática permanece ineficaz.*

O novo Homem

A função da nova sociedade é encorajar o surgimento de um novo Homem, ser cuja estrutura de caráter exibirá as seguintes qualidades:

- disposição para renunciar a todas as formas do *ter*, de modo a *ser* plenamente;
- segurança, senso de identidade e confiança baseados na fé naquilo que alguém é, na necessidade de relacionamento, interesse, amor e solidariedade com o mundo ao seu redor, em vez de no desejo de ter, possuir, controlar o mundo e, assim, tornar-se escravo de seus bens;
- aceitação do fato de que nada e ninguém externo ao eu dá sentido à vida, mas que essa independência radical e essa "não *coisidade*" podem se tornar a condição para a atividade mais plena, dedicada ao cuidado e à partilha;
- estar totalmente presente, onde quer que esteja;
- sentir a alegria que vem de se doar e compartilhar, não de acumular e explorar;
- sentir amor e respeito pela vida em todas as suas manifestações, no conhecimento de que sagradas não são as coisas, o poder e tudo o que está morto, mas a vida e tudo o que diz respeito ao seu crescimento;
- tentar reduzir a ganância, o ódio e as ilusões tanto quanto for possível;
- viver sem adorar ídolos e sem ilusões, porque se atingiu um estado que não requer ilusões;
- desenvolver a capacidade de amar, junto com a capacidade de pensamento crítico e não sentimental;
- abandonar o narcisismo e aceitar as limitações trágicas inerentes à existência humana;

- fazer do pleno crescimento de si mesmo e dos seus semelhantes o objetivo supremo da vida;
- saber que para atingir esse objetivo são necessários disciplina e respeito pela realidade;
- saber, também, que nenhum crescimento é saudável se não ocorrer numa estrutura, mas conhecer, também, a diferença entre a estrutura como um atributo da vida e a "ordem" como um atributo da não vida, dos mortos;
- desenvolver a imaginação, não como fuga de circunstâncias intoleráveis, mas como antecipação de possibilidades reais, como meio de acabar com circunstâncias intoleráveis;
- não enganar os outros, mas também não ser enganado; alguém pode ser chamado de inocente, mas não de ingênuo;
- conhecer a si mesmo, não apenas o eu que conhecemos, mas também o eu que não conhecemos – mesmo que tenhamos um conhecimento adormecido daquilo que não conhecemos;
- sentir unidade com toda a vida, abandonando assim o objetivo de conquistar a natureza, subjugá-la, explorá-la, violá-la e destruí-la, tentando, antes, compreender e cooperar com a natureza;
- usufruir da liberdade que não é arbitrariedade, mas a possibilidade de ser você mesmo, não como um feixe de desejos gananciosos, mas como uma estrutura delicadamente equilibrada que a qualquer momento é confrontada com a alternativa de crescimento ou decadência, de vida ou de morte;
- saber que o mal e a destrutividade são consequências necessárias do fracasso no crescimento;
- saber que apenas alguns alcançaram a perfeição em todas essas qualidades, mas sem a ambição de "chegar à meta", sabendo que tal ambição é apenas outra forma de ganância, de ter;

- sentir a felicidade no processo de vitalidade sempre crescente, qualquer que seja o ponto mais distante que o destino permite que alguém alcance, pois viver tão plenamente quanto se pode é tão satisfatório que a preocupação com o que se pode ou não alcançar tem poucas chances de se desenvolver.

Sugerir o que as pessoas que vivem no industrialismo cibernético e burocrático contemporâneo – seja na sua versão "capitalista" ou "socialista" – poderiam fazer para romper a forma de existência do ter e aumentar a área do ser não está no âmbito deste livro. Na verdade, seria necessário um livro por si só, que poderia ser apropriadamente intitulado *A arte de ser*. Mas muitos livros foram publicados nos últimos anos sobre o caminho para o bem-estar, alguns úteis, e muitos outros prejudiciais pelo conteúdo fraudulento, que explora o novo mercado para satisfazer o desejo das pessoas de escaparem ao seu mal-estar. Alguns livros valiosos, úteis para qualquer pessoa com sério interesse no problema de alcançar o bem-estar, estão listados nas Referências.

9. Características da nova sociedade

Uma nova ciência do Homem

O primeiro requisito para a possível criação da nova sociedade é estar consciente das dificuldades quase intransponíveis que tal tentativa deve enfrentar. Uma consciência débil dessa dificuldade é provavelmente uma das principais razões pelas quais tão pouco esforço é dispendido nas mudanças necessárias. Muitos pensam: "Por que lutar pelo impossível? Em vez disso, ajamos como se o rumo que estamos seguindo nos levasse ao lugar de segurança e felicidade que nossos mapas indicam". Aqueles que inconscientemente se desesperam, mas que colocam a máscara do otimismo, não são necessariamente sábios. Mas aqueles que não perderam a esperança só poderão ter sucesso se forem realistas obstinados, abandonarem todas as ilusões e compreenderem plenamente as dificuldades. Essa sobriedade marca a distinção entre as pessoas "utópicas" *acordadas* e as *sonhadoras*.

Para mencionar apenas algumas das dificuldades que a construção da nova sociedade precisa resolver:

- solucionar o problema de como continuar o modo de produção industrial sem centralização total, ou seja, sem acabar no fascismo

do tipo antiquado ou, mais provavelmente, no "fascismo tecnológico com um sorriso no rosto";
- combinar um planejamento global com um elevado grau de descentralização, abandonando a "economia de livre mercado" que se tornou em grande parte uma ficção;
- abdicar do objetivo de crescimento ilimitado em favor de um crescimento seletivo, sem correr o risco de haver um desastre econômico;
- criar condições de trabalho e um espírito geral em que não o ganho material, mas outras satisfações psíquicas sejam motivações eficazes;
- promover o progresso científico e, ao mesmo tempo, evitar que esse progresso se torne um perigo para a raça humana por sua aplicação prática;
- criar condições sob as quais as pessoas experimentem bem-estar e alegria, e não a satisfação do impulso do prazer máximo;
- proporcionar segurança básica aos indivíduos sem torná-los dependentes de uma burocracia para os alimentar;
- restaurar as possibilidades de iniciativa individual na vida, em vez de nos negócios (onde, de qualquer forma, elas já não existem).

Assim como no desenvolvimento da técnica algumas dificuldades pareciam intransponíveis, as dificuldades anteriormente listadas parecem intransponíveis agora. Mas as dificuldades da técnica não eram intransponíveis porque tinha sido estabelecida uma nova ciência que proclamava o princípio da observação e o conhecimento da natureza como condições para controlá-la (Francis Bacon, *Novum Organum*, 1620). Essa "nova ciência" do século 17 atrai até hoje as mentes mais brilhantes dos países industrializados e levou à realização das utopias técnicas com que a mente humana sonhava.

Mas hoje, cerca de três séculos depois, precisamos de uma nova ciência totalmente diferente. Precisamos de uma Ciência Humanística do Homem como base para a Ciência Aplicada e a Arte da Reconstrução Social.

Utopias *técnicas* – voar, por exemplo – foram alcançadas pela nova ciência da natureza. A *Utopia humana* do Tempo Messiânico – uma nova humanidade unida, vivendo em solidariedade e paz, livre da determinação econômica e da guerra e da luta de classes – pode ser alcançada, desde que gastemos a mesma energia, inteligência e entusiasmo na realização da Utopia humana como gastamos na realização de nossas utopias técnicas. Não se pode construir submarinos lendo Júlio Verne; não se pode construir uma sociedade humanista lendo os profetas.

Se tal mudança da supremacia da ciência natural para uma nova ciência social ocorrerá, ninguém pode dizer. Se isso acontecer, ainda poderemos ter uma chance de sobrevivência, mas isso depende de um fator: quantos homens e mulheres brilhantes, instruídos, disciplinados e atenciosos serão atraídos pelo novo desafio à mente humana, e pelo fato de que dessa vez *o objetivo não é o controle sobre a natureza, mas sobre a técnica e as forças e instituições sociais irracionais que ameaçam a sobrevivência da sociedade ocidental, se não da raça humana.*

É minha convicção que, dada a consciência da crise atual, o nosso futuro depende de as melhores mentes se mobilizarem na dedicação à nova ciência humanística do Homem. Pois nada menos que o esforço concertado destas ajudará a resolver os problemas já mencionados aqui e a alcançar os objetivos discutidos a seguir.

Projetos com objetivos gerais, como a "socialização dos meios de produção", revelaram-se símbolos socialistas e comunistas que encobrem principalmente a ausência de socialismo. A "ditadura do proletariado" ou de uma "elite intelectual" não é menos nebulosa e enganadora do que o conceito da "economia de livre mercado" ou, na verdade, das próprias nações "livres". Os primeiros socialistas e comunistas, de Marx a Lênin, não tinham planos concretos para uma sociedade socialista ou comunista; essa foi a grande fraqueza do socialismo.

Novas formas sociais que serão a base do ser não surgirão sem muitos projetos, modelos, estudos e experimentos que *comecem a estabelecer uma ponte entre o que é necessário e o que é possível*. Isso acabará culminando em um planejamento em grande escala e em longo prazo e propostas de primeiros passos em curto prazo. O problema é a vontade e o espírito humanista de quem trabalhará neles; além disso, quando as pessoas conseguirem ter uma visão e ao mesmo tempo reconhecer o que pode ser feito passo a passo, concretamente, para alcançá-la, começarão a se sentir encorajadas e entusiasmadas em vez de temerosas.

Se quisermos que as esferas econômica e política da sociedade sejam subordinadas ao desenvolvimento humano, *o modelo da nova sociedade deve ser determinado pelas exigências do indivíduo não alienado e orientado para o ser*. Isso significa que os seres humanos não viverão em pobreza desumana – ainda o principal problema da maioria das pessoas – nem serão forçados – como acontece com os ricos do mundo industrial – a ser um *Homo consumens* por causa das leis inerentes da produção capitalista, que exige um crescimento contínuo da produção e, portanto, impõe um consumo crescente. Se quisermos que os seres humanos se tornem livres e deixem de alimentar a indústria através do consumo patológico, é necessária uma mudança radical no sistema econômico: *temos de pôr fim à situação atual, na qual uma economia saudável só é possível ao preço de seres humanos pouco saudáveis*. A tarefa é construir uma economia saudável para pessoas saudáveis.

O primeiro e crucial passo em direção a esse objetivo é que a produção seja dirigida em prol do "consumo são".

A fórmula tradicional "Produção para *uso*, em vez de *lucro*" é insuficiente, porque não qualifica a que tipo de uso se refere: saudável ou patológico. Nesse ponto surge uma questão prática muito difícil: quem determinará quais necessidades são saudáveis e quais são patogênicas? De uma coisa podemos ter a certeza: forçar os cidadãos a consumir o que o Estado decide ser melhor – mesmo que seja o melhor – está fora de questão. O controle burocrático que bloquearia à força o consumo só faria com que as pessoas tivessem ainda mais fome disso. O consumo saudável só poderá ocorrer se um número cada vez maior de pessoas *quiser* mudar os seus padrões de consumo e os seus estilos de vida. E isso só é possível se for oferecido às pessoas um tipo de consumo mais atrativo do que aquele a que estão habituadas. Isso não vai acontecer de um dia para o outro ou por decreto, mas exigirá um processo educativo lento, e nesse aspecto o governo deve desempenhar um papel importante.

A função do Estado é estabelecer normas para um consumo saudável, em oposição ao consumo patológico e indiferente. Em princípio, tais normas podem ser estabelecidas. A Food and Drug Administration (FDA), a vigilância sanitária dos Estados Unidos, oferece um bom exemplo; a agência determina quais alimentos e quais drogas são prejudiciais, baseando sua determinação na opinião especializada de cientistas em diversas áreas, muitas vezes após experimentação prolongada. De forma semelhante, o valor de outras mercadorias e serviços pode ser determinado por um painel de psicólogos, antropólogos, sociólogos, filósofos, teólogos e representantes de vários grupos sociais e de consumo.

Mas o exame do que é favorável e o que é prejudicial à vida requer uma profundidade de pesquisa que é incomparavelmente maior do que a necessária para resolver os problemas com que a FDA lida. As pesquisas básicas sobre a natureza das necessidades, que mal começaram a ser feitas, terão de ser realizadas pela nova ciência do Homem. Precisaremos determinar quais necessidades têm origem em nosso organismo; quais são resultado do progresso cultural; quais são expressões do crescimento do indivíduo; quais são sintéticas, impostas ao indivíduo pela indústria; quais "ativam" e quais "passivam"; quais estão enraizadas na patologia ou na saúde psíquica.

Em contraste com a FDA, as decisões do novo corpo humanista de peritos não seriam implementadas pela força, mas serviriam apenas como diretrizes a serem submetidas aos cidadãos para discussão. Já nos tornamos muito conscientes do problema da alimentação saudável e não saudável; os resultados das investigações dos peritos ajudarão a aumentar o reconhecimento da sociedade de todas as outras necessidades sensatas e patológicas. As pessoas enxergariam que a maior parte do consumo gera passividade; que a necessidade de rapidez e novidade, que só pode ser satisfeita pelo consumismo, reflete a inquietação, a fuga interior de si mesmo; elas se conscientizariam de que procurar a próxima coisa a fazer ou o mais novo dispositivo é apenas um meio de se proteger de estar perto de si mesmas ou de outra pessoa.

O governo pode facilitar enormemente esse processo educativo, subsidiando a produção de bens e serviços desejáveis, até que estes possam ser produzidos de forma lucrativa. Uma grande campanha educativa a favor do consumo saudável teria de acompanhar esses esforços. É de se esperar que um *esforço concentrado* para estimular o *apetite pelo consumo sensato seja suscetível de alterar o padrão de consumo*. Mesmo que os métodos publicitários de lavagem cerebral que a indústria utiliza agora sejam evitados – e essa é uma condição essencial –, não parece irracional esperar que esse esforço tenha um efeito que não fique muito atrás do da propaganda industrial.

Uma objeção padrão a programas de consumo (e produção) seletivo que estejam de acordo com o princípio "O que promove o bem-estar?" é que na economia de livre mercado os consumidores obtêm exatamente o que desejam e, portanto, não há necessidade de produção "seletiva". Esse argumento se baseia no pressuposto de que os consumidores querem o que é bom para eles, o que é, por óbvio, flagrantemente falso (no caso das drogas, ou talvez mesmo dos cigarros, ninguém usaria esse argumento). O fato importante que o argumento claramente ignora é que os desejos do consumidor são fabricados pelo produtor. Apesar das marcas concorrentes, o efeito global da publicidade é estimular o desejo de consumo. Todas as empresas se ajudam mutuamente nessa influência básica através da publicidade; o comprador exerce de modo apenas secundário o duvidoso privilégio de escolher entre diversas marcas concorrentes. Um dos exemplos padrão oferecidos por aqueles que argumentam que os desejos dos consumidores são todo-poderosos é o fracasso do "Edsel", da Ford.[38] Mas a falta de sucesso do Edsel não altera o fato de que mesmo a propaganda publicitária do modelo era *propaganda para comprar automóveis* – com a qual lucraram todas as marcas, exceto o infeliz Edsel. Além disso, a indústria influencia o gosto ao não produzir mercadorias que seriam mais saudáveis para os seres humanos, mas menos lucrativas para a indústria.

Um consumo saudável só será possível se conseguirmos reduzir drasticamente o direito dos acionistas e da gestão das grandes empresas de determinarem sua produção apenas com base no lucro e na expansão.

Tais mudanças poderiam ser efetuadas por lei, sem alterar as constituições das democracias ocidentais (já temos muitas leis que restringem

---

38 Divisão criada pela Ford estadunidense no final dos anos 1950, tinha como objetivo ocupar o nicho dos automóveis intermediários, no qual a companhia ainda não tinha modelos à venda. Por motivos que variam do design dos automóveis ao momento econômico dos Estados Unidos, passando pelo nome estranho ("Edsel" era o nome de um dos filhos de Henry Ford, fundador da empresa), a divisão foi um fracasso de vendas. [N.T.]

os direitos de propriedade no interesse do bem-estar público). O que importa é o poder de dirigir a produção, não a propriedade do capital. No longo prazo, o gosto dos consumidores decidirá o que será produzido, uma vez encerrado o poder sugestivo da publicidade. Ou as empresas existentes terão de converter as suas instalações para satisfazer as novas procuras ou, quando isso não for possível, o governo terá de gastar o capital necessário para a produção de novos produtos e serviços desejados.

Todas essas mudanças só poderão ser feitas gradualmente e com o consentimento da maioria da população. Mas resultam em uma nova forma de sistema econômico, tão diferente do capitalismo atual quanto do capitalismo de Estado centralizado soviético e da burocracia sueca do bem-estar social.

Obviamente, desde o início as grandes corporações usarão o seu tremendo poder para tentar combater tais mudanças. Só o desejo esmagador dos cidadãos por um consumo saudável poderia quebrar a resistência das corporações.

Uma forma eficaz de os cidadãos demonstrarem o poder do consumidor é construir um movimento militante que utilize a ameaça de "greves de consumidores" como arma. Suponhamos, por exemplo, que 20% da população estadunidense consumidora de automóveis decidisse não comprar mais automóveis particulares por acreditarem que, em comparação com um transporte público excelente, o automóvel particular é economicamente um desperdício, ecologicamente venenoso e psicologicamente prejudicial – uma droga que cria uma sensação artificial de poder, aumenta a inveja e ajuda a pessoa a fugir de si mesma. Embora apenas um economista pudesse determinar quão grande seria a ameaça econômica para a indústria automobilística – e, claro, para as companhias petrolíferas –, é evidente que, se tal greve de consumidores acontecesse, uma economia nacional centrada na produção de automóveis estaria em sérios apuros. É claro que ninguém quer que a economia dos Estados Unidos fique em sérios apuros, mas tal ameaça, se puder ser tornada crível (parar de usar carros durante um mês, por exemplo), daria aos consumidores uma poderosa alavanca para induzir mudanças em todo o sistema de produção.

A grande vantagem das greves de consumidores é o fato de não demandarem ação governamental, de serem difíceis de combater (a menos que o governo tomasse a iniciativa de forçar os cidadãos a comprar o que não querem) e que não há necessidade de esperar pelo acordo de 51% dos cidadãos para impor medidas governamentais. Pois, de fato, uma minoria de 20% poderia ser extremamente eficaz na indução de mudanças. Greves de consumidores poderiam romper linhas e *slogans* políticos; delas poderiam participar tanto humanistas conservadores quanto progressistas e a "esquerda", uma vez que uma motivação uniria a todos: o desejo de um consumo saudável e humano. Como primeiro passo para cancelar uma greve de consumidores, os líderes radicais do movimento humanista negociariam com a grande indústria (e com o governo) as mudanças exigidas. O seu método seria basicamente o mesmo utilizado nas negociações para evitar ou acabar com uma greve dos trabalhadores.

O problema em tudo isso reside em tornar os consumidores conscientes de (1) seu protesto parcialmente inconsciente contra o consumismo e (2) seu poder em potencial, uma vez organizados os consumidores de mentalidade humanista. Tal movimento seria uma manifestação de democracia genuína: os indivíduos iriam se expressar diretamente e tentariam mudar o curso do desenvolvimento social de uma forma ativa e não alienada. E tudo isso se basearia na experiência pessoal, e não em *slogans* políticos.

Mas mesmo um movimento eficaz de consumidores não será suficiente enquanto o poder das grandes corporações permanecer tão grande quanto é agora. Pois mesmo o remanescente da democracia que ainda existe está condenado a ceder ao fascismo tecnocrata, a uma sociedade de robôs bem alimentados e irracionais – o mesmo tipo de sociedade que era tão temido sob o nome de "comunismo" – a menos que seja quebrado o enorme domínio das grandes corporações sobre o governo (que se torna mais forte diariamente) e sobre a população (via controle do pensamento por lavagem cerebral). Os Estados Unidos têm uma tradição de restringir o poder das empresas gigantes, expressa nas suas leis antitruste. Um forte sentimento público poderia levar a que o espírito dessas leis fosse aplicado às superpotências corporativas existentes, de modo que essas superpotências fossem divididas em unidades menores.

Para alcançar uma sociedade baseada no ser, todas as pessoas devem participar ativamente na sua função econômica e como cidadãos. Portanto, a nossa libertação do modo de existência do ter só é possível através da plena realização da democracia participativa industrial e política.

Essa exigência é partilhada pela maioria dos humanistas radicais.

Democracia industrial implica que cada membro de uma grande organização industrial desempenhe um papel ativo na vida da organização; que cada um esteja plenamente informado e participe da tomada de decisões, começando ao nível do próprio processo de trabalho do indivíduo, das medidas de saúde e segurança (isto já foi tentado com sucesso por algumas empresas suecas e estadunidenses) e, por fim, que participe da tomada de decisões nos níveis mais elevados de política geral da empresa. É essencial que os próprios trabalhadores, e não os representantes dos sindicatos, representem-se nos respectivos órgãos de cogestão. Democracia industrial significa também que a empresa não é apenas uma instituição econômica e técnica, mas uma instituição social em cuja vida e modo de funcionamento cada membro se torna ativo e, portanto, interessado.

Os mesmos princípios se aplicam à implementação da *democracia política*. A democracia pode resistir à ameaça autoritária se passar de uma passiva "democracia de espectadores" a uma ativa "democracia participativa" –, na qual os assuntos da comunidade são tão próximos e tão importantes para os cidadãos individuais quanto os seus interesses privados, ou melhor, em que o bem-estar da comunidade se torne uma preocupação privada de cada cidadão. Ao participar da comunidade, as pessoas descobrem que a vida se torna mais interessante e estimulante. De fato, uma verdadeira democracia política pode ser definida como aquela em que a vida é apenas isso, *interessante*. Pela sua própria natureza, essa democracia participativa – em contraste com as "democracias populares" ou "democracia centralizada" – é desburocratizada, criando um clima que praticamente exclui o surgimento de demagogos.

Conceber métodos para a democracia participativa é provavelmente muito mais difícil do que foi a elaboração de uma constituição democrática no século 18. Será necessário que muitas pessoas competentes façam um esforço gigantesco para conceber os novos princípios e os métodos de implementação para a construção da democracia participativa. Como apenas uma das muitas sugestões possíveis para alcançar esse fim, gostaria de reafirmar uma que fiz há mais de vinte anos em *A sociedade sã*: que centenas de milhares de grupos presenciais (com cerca de quinhentos membros cada) sejam criados, para se constituírem em órgãos permanentes de deliberação e tomada de decisão em relação aos problemas básicos nos domínios da economia, da política externa, da saúde, da educação e dos meios para o bem-estar. Esses grupos receberiam todas as informações pertinentes (a natureza dessas informações será descrita mais adiante), discutiriam essas informações (sem a presença de influências externas) e votariam sobre a questão (e, dados os nossos métodos tecnológicos atuais, todos os votos poderiam ser coletados dentro de um dia). A totalidade desses grupos formaria uma "Câmara Baixa", cujas decisões, junto com as de outros órgãos políticos, teriam influência crucial na legislação.

"Por que fazer esses planos tão elaborados", alguém pode perguntar, "quando as pesquisas de opinião podem desempenhar a tarefa de obter a opinião de toda a população num período de tempo igualmente curto?" Essa objeção toca num dos aspectos mais problemáticos da expressão de opinião. Qual é a "opinião" em que se baseiam as pesquisas, senão as opiniões que uma pessoa tem sem o benefício da informação adequada, da reflexão crítica e da discussão? Além disso, as pessoas entrevistadas sabem que as suas "opiniões" não contam e, portanto, não têm efeito. Tais opiniões constituem apenas ideias conscientes das pessoas em determinado momento; nada nos dizem sobre as tendências subjacentes que poderiam levar a opiniões opostas se as circunstâncias mudassem. Da mesma forma, eleitores sabem que, depois de terem votado num candidato, não terão mais influência real no curso dos acontecimentos. Em alguns aspectos, votar numa eleição é ainda pior do que as pesquisas de opinião, devido ao entorpecimento do pensamento através de técnicas semi-hipnóticas. As eleições se tornam uma novela emocionante, com as esperanças e aspirações dos candidatos – e não as questões políticas – em jogo. Os eleitores podem até participar do drama dando seus votos ao candidato a quem apoiam. Embora uma grande parte da população se recuse a fazer esse gesto, a maioria das pessoas fica fascinada por esses modernos espetáculos romanos em que políticos, em vez de gladiadores, lutam numa arena.

Pelo menos dois requisitos estão envolvidos na formação de uma convicção genuína: *informação adequada e o conhecimento de que a decisão tomada tem efeito*. Opiniões formadas por um espectador impotente não expressam sua convicção, sendo um jogo análogo a expressar uma preferência por uma marca de cigarro em detrimento de outra. Por essas razões, as opiniões expressas nas sondagens e nas eleições constituem o pior, e não o melhor, nível de discernimento humano. Esse fato é confirmado por apenas dois exemplos dos melhores discernimentos das pessoas, ou seja, *as decisões das pessoas são muito superiores ao nível das suas decisões políticas* (a) nos seus assuntos privados (especialmente nos negócios, como Joseph Schumpeter tão claramente demonstrou) e (b) quando são membros de júris. Os júris são compostos por cidadãos comuns, que têm de tomar decisões em casos várias vezes muito complicados e difíceis de compreender. Mas os membros do júri obtêm todas as informações pertinentes, têm a oportunidade de uma discussão alargada e sabem que o seu discernimento decide a vida e a felicidade das pessoas que estão encarregados de julgar. O resultado é que, em geral, as suas decisões mostram muita perspicácia e objetividade. Em contraste, pessoas desinformadas, semi-hipnotizadas e impotentes não conseguem expressar convicções sérias. Sem informação, deliberação e o poder de tomar uma decisão eficaz, a opinião expressa democraticamente dificilmente será mais do que aplausos num evento esportivo.

A participação ativa na vida política requer a máxima descentralização em toda a indústria e na política.

Devido à lógica imanente do capitalismo atual, as empresas e o governo crescem cada vez mais e acabam por se tornar gigantes administrados centralmente, a partir do topo, através de uma máquina burocrática. Um dos requisitos de uma sociedade humanista é que esse processo de centralização pare e ocorra uma descentralização em grande escala. Há várias razões para isso. Se uma sociedade for transformada naquilo que Mumford chamou de "megamáquina" (isto é, se toda a sociedade, incluindo seu povo, for como uma grande máquina dirigida centralmente), o fascismo será quase inevitável no longo prazo porque (a) as pessoas se tornam ovelhas, perdem a faculdade de pensamento crítico, sentem-se impotentes, são passivas e necessariamente anseiam por um líder que "saiba" o que fazer – e tudo o mais que *elas* não sabem, e (b) a megamáquina pode ser colocada em funcionamento por qualquer pessoa que tenha acesso a ela, bastando apertar os botões apropriados. A megamáquina, como um automóvel, funciona essencialmente por si mesma: isto é, a pessoa ao volante do carro só precisa apertar os botões certos, controlar a direção e a frenagem e prestar atenção a alguns outros detalhes igualmente simples; o que num carro ou outra máquina são as suas muitas engrenagens, na megamáquina são os muitos níveis de administração burocrática. Mesmo uma pessoa de inteligência e capacidade medíocres pode facilmente dirigir um Estado quando chega ao poder.

As funções governamentais não devem ser delegadas a Estados – eles próprios enormes conglomerados –, mas a distritos relativamente pequenos onde as pessoas ainda tenham a possibilidade de conhecer e avaliar umas às outras, podendo, portanto, participar ativamente da administração dos seus próprios assuntos comunitários. A descentralização na indústria deve dar mais poder a pequenos setores dentro de uma determinada empresa e dividir as corporações gigantes em pequenas entidades.

A participação ativa e responsável exige ainda que a gestão humanística substitua a gestão burocrática.

A maioria das pessoas ainda acredita que todo tipo de administração em grande escala deve ser necessariamente "burocrática", isto é, uma forma alienada de administração. E a maioria das pessoas não tem consciência de quão mortificante é o espírito burocrático e como ele permeia todas as esferas da vida, mesmo onde parece não ser óbvio, como nas relações médico-paciente e marido-mulher. O método burocrático pode ser definido como aquele que (a) administra os seres humanos como se fossem coisas e (b) administra as coisas em termos quantitativos, e não qualitativos, a fim de tornar a quantificação e o controle mais fáceis e baratos. O método burocrático é governado por dados estatísticos: os burocratas baseiam as suas decisões em regras fixas obtidas a partir de dados estatísticos, e não *na resposta aos seres vivos que estão diante deles*; tomam decisões de acordo com o que é estatisticamente mais provável de acontecer, correndo o risco de prejudicar os 5% ou 10% daqueles que não se enquadram nesse padrão. Os burocratas temem a responsabilidade pessoal e procuram refúgio atrás das suas regras; a segurança e o orgulho deles residem na lealdade às regras, e não na lealdade às leis do coração humano.

Eichmann foi um exemplo extremo de burocrata. Ele não enviou centenas de milhares de judeus para a morte porque os odiava; ele não odiava nem amava ninguém. Eichmann "cumpriu o seu dever": foi obediente quando enviou os judeus para a morte; foi igualmente zeloso quando o encarregaram simplesmente de acelerar a deportação deles da Alemanha. Tudo o que importava para ele era obedecer às regras; ele só se sentia culpado quando as desobedecia. Ele afirmou (com isso prejudicando o próprio caso) que se sentia culpado apenas em duas acusações: por ter faltado às aulas quando criança e por ter desobedecido às ordens de se abrigar durante um ataque aéreo. Isso não implica que não houvesse um elemento de sadismo em Eichmann e em muitos outros burocratas, isto é, a satisfação de controlar outros seres vivos. Mas essa tendência sádica é apenas secundária em relação aos elementos primários dos burocratas: a sua falta de resposta humana e a sua adoração das regras.

Não estou dizendo que todos os burocratas sejam Eichmanns. Em primeiro lugar, muitos seres humanos em posições burocráticas não são burocratas no sentido caracterológico. Em segundo lugar, em muitos casos, a atitude burocrática não tomou conta da pessoa como um todo, assim matando seu lado humano. No entanto, há muitos Eichmanns entre os burocratas, e a única diferença é que eles não tiveram de destruir milhares de vidas. Mas quando o burocrata de um hospital se recusa a admitir uma pessoa gravemente doente porque as regras exigem que o paciente seja enviado por um médico, esse burocrata não age de forma diferente da de Eichmann. Nem os assistentes sociais que decidem deixar um cliente morrer de fome, em vez de violar certa regra do seu código burocrático. Essa atitude burocrática não existe apenas entre administradores; viceja entre médicos, enfermeiras, professores – bem como em muitos maridos em relação às suas esposas e em muitos pais e mães em relação aos seus filhos e filhas.

Tendo reduzido um ser humano vivo a um número, os verdadeiros burocratas podem cometer atos de crueldade absoluta, não porque sejam movidos por uma crueldade de magnitude proporcional aos seus atos, mas porque não sentem nenhum vínculo humano com as pessoas sujeitas a eles. Embora menos vis que os sádicos, os burocratas são mais perigosos, porque neles não há sequer conflito entre consciência e dever: a consciência deles está cumprindo um dever; seres humanos como objetos de empatia e compaixão não existem para eles.

O burocrata da velha guarda, propenso a ser hostil, ainda existe em algumas empresas antigas ou em grandes organizações, como departamentos de assistência social, hospitais e prisões, nas quais um único burocrata tem poder considerável sobre pessoas pobres ou de alguma forma sem poderes. Os burocratas da indústria moderna não são hostis e provavelmente têm pouco do traço sádico, embora possam sentir algum prazer em ter poder sobre as pessoas. Mas, novamente, encontramos neles aquela lealdade burocrática a uma coisa – no caso, o *sistema* no qual *acreditam*. A empresa é a sua casa e as suas regras são sagradas porque são "racionais".

Mas nem a velha nem a nova burocracia podem coexistir num sistema de democracia participativa, pois o espírito burocrático é incompatível com o espírito de participação ativa do indivíduo. Os novos cientistas sociais devem conceber planos para novas formas de administração não burocrática em grande escala, dirigidas pela resposta (que reflete a "responsabilidade") às pessoas e às situações, e não pela mera aplicação de regras. A administração não burocrática é possível, desde que tenhamos em conta a potencial espontaneidade de resposta do administrador e não façamos da economia um fetiche.

O sucesso no estabelecimento de uma sociedade do ser depende de muitas outras medidas. Ao oferecer as seguintes sugestões, não pretendo ser original; pelo contrário, sinto-me encorajado pelo fato de quase todas essas sugestões terem sido feitas, de uma forma ou de outra, por escritores humanistas.[39]

- *Todos os métodos de lavagem cerebral na publicidade industrial e política devem ser proibidos.*

Esses métodos de lavagem cerebral são perigosos não só porque nos impelem a comprar coisas de que não precisamos nem queremos, mas porque nos levam a escolher representantes políticos de que não precisaríamos nem quereríamos se tivéssemos controle total da nossa mente. Mas não temos total controle da nossa mente porque métodos hipnoides são usados em propagandas. Para combater esse perigo cada vez maior, *devemos proibir o uso de todas as formas hipnoides de propaganda, tanto para mercadorias quanto para políticos.*

---

39 De modo a não sobrecarregar este livro, evitei citar as muitas pesquisas que contêm propostas similares. Muitos títulos podem ser encontrados nas Referências.

Os métodos hipnoides utilizados na publicidade e na propaganda política constituem um grave perigo para a saúde mental, especificamente para o pensamento claro e crítico e para a independência emocional. Não tenho dúvidas de que estudos aprofundados mostrarão que o dano causado pela dependência de drogas compõe apenas uma fração do dano causado pelos nossos métodos de lavagem cerebral, desde sugestões subliminares até artifícios semi-hipnóticos como a repetição constante ou o desvio do pensamento racional pelo apelo à luxúria sexual ("Eu sou a Linda, voe comigo!"[40]). O bombardeamento com métodos puramente sugestivos na publicidade e, sobretudo, nos anúncios televisivos, é estupefaciente. Esse ataque à razão e ao sentido da realidade persegue o indivíduo por todos os lados e diariamente, a qualquer hora: durante as muitas horas assistindo televisão, ou quando dirigimos em uma estrada, ou na propaganda política de candidatos, e assim por diante. O efeito particular desses métodos sugestivos é que eles criam uma atmosfera de estar semiacordado, de acreditar e não acreditar, de perder o sentido da realidade.

Interromper o veneno da sugestão em massa terá um efeito de abstinência sobre os consumidores que será pouco diferente dos sintomas de abstinência que os viciados em drogas experimentam quando param de usar drogas.

- *O fosso entre as nações ricas e as nações pobres deve ser eliminado.*

Há poucas dúvidas de que a continuação e o aprofundamento dessa lacuna conduzirão à catástrofe. As nações pobres deixaram de aceitar

---

40 Em 1971, a companhia aérea estadunidense National Airlines lançou uma campanha publicitária em que diversas mulheres se apresentavam, listavam atributos da própria companhia ("Tenho voos ininterruptos para Miami todos os dias") e encerravam com o *slogan* "Fly me!" [Voe comigo!].

a exploração econômica pelo mundo industrial como um fato divino. Embora a União Soviética ainda explore os seus próprios Estados satélites da mesma forma colonialista, ela utiliza e reforça o protesto dos povos colonizados como uma arma política contra o Ocidente. O aumento do preço do petróleo foi o início – e um símbolo – da exigência dos povos colonizados de acabar com o sistema que os obriga a vender matérias-primas baratas e a comprar produtos industriais caros. Da mesma forma, a guerra do Vietnã foi um símbolo do início do fim da dominação política e militar dos povos colonizados pelo Ocidente.

O que acontecerá se nada de crucial for feito para acabar com o fosso? Ou as epidemias se espalharão pela fortaleza da sociedade branca ou a fome levará a população das nações pobres a tal desespero que elas, talvez com a ajuda de simpatizantes do mundo industrial, cometerão atos de destruição, até mesmo usarão pequenas armas nucleares ou biológicas, trazendo caos à fortaleza branca.

Essa possibilidade catastrófica só pode ser evitada se as condições de fome, inanição e doença forem controladas – e, para isso, a ajuda das nações industrializadas é vitalmente necessária. Os métodos para tal ajuda devem estar isentos de quaisquer interesses em lucros e vantagens políticas por parte dos países ricos; isso significa também que devem estar livres da ideia de que os princípios econômicos e políticos do capitalismo devem ser transferidos para a África e a Ásia. *Obviamente*, a forma mais eficiente de prestar ajuda econômica (especialmente, por exemplo, em termos de serviços) é uma questão que cabe aos peritos econômicos determinar.

Mas só aqueles que se qualificam como verdadeiros especialistas podem servir a essa causa, indivíduos com não apenas cérebros brilhantes, mas também corações humanos que os impelem a procurar a solução ideal. Para que esses especialistas sejam chamados e as suas recomendações sejam seguidas, a orientação ao ter deve se enfraquecer enormemente, emergindo um sentido de solidariedade, de cuidado (não de piedade). Cuidar significa cuidar não apenas de nossos semelhantes nesta Terra, mas também de nossos descendentes. Na verdade, nada é mais revelador sobre o nosso egoísmo do que continuarmos a pilhar as matérias-primas da Terra, a envenenar a Terra e a armar uma guerra nuclear. Não hesitamos em deixar aos nossos próprios descendentes essa Terra devastada como sua herança.

Essa transformação interior ocorrerá? Ninguém sabe. Mas uma coisa que o mundo deveria saber é que sem isso o conflito entre nações pobres e ricas será incontrolável.

- *Muitos dos males das atuais sociedades capitalistas e comunistas desapareceriam com a introdução de uma renda anual garantida.*[41]

O cerne dessa ideia é que todas as pessoas, independentemente de trabalharem ou não, devem ter o direito incondicional de não morrer de fome e de não ficar sem abrigo. Elas não receberão mais do que é basicamente necessário para se sustentarem – mas também não receberão menos. Esse direito expressa um novo conceito para hoje, embora seja uma norma muito antiga, exigida pelo cristianismo e praticada em muitas tribos "primitivas": a de que *os seres humanos têm o direito incondicional de viver, independentemente de cumprirem ou não o seu "dever para com a sociedade"*. É um direito que garantimos aos nossos animais de estimação, mas não aos nossos semelhantes.

O domínio da liberdade pessoal seria tremendamente ampliado por tal lei; nenhuma pessoa que seja economicamente dependente de outra

---

41 Fiz essa proposta em *A sociedade sã* (1955); a mesma proposta foi feita em um simpósio em meados da década de 1960 (organizado por A. Theobald; ver as Referências).

(por exemplo, dos pais, do marido, do patrão) poderia ser forçada a se submeter à chantagem da fome; pessoas superdotadas que quisessem se preparar para uma vida diferente poderiam fazê-lo, desde que estivessem dispostas ao sacrifício de viver em um certo grau de pobreza por um tempo. Os modernos Estados de bem-estar social aceitaram esse princípio? Quase... o que na verdade significa "na verdade, não". Uma burocracia ainda "administra" o povo, ainda o controla e humilha. Mas uma renda garantida não exigiria nenhuma "prova" de necessidade de nenhuma pessoa para obter um quarto simples e um mínimo de comida. Assim, para administrar um programa de bem-estar social não seria necessária nenhuma burocracia, com o seu desperdício inerente e as suas violações da dignidade humana.

Uma renda anual garantida asseguraria verdadeira liberdade e independência. Por essa razão, é inaceitável qualquer sistema baseado na exploração e no controle, especialmente as diversas formas de ditadura. É característico do sistema soviético que mesmo as sugestões para as formas mais simples de bens gratuitos (por exemplo, transporte público ou leite) tenham sido consistentemente rejeitadas. O atendimento médico gratuito é a exceção, mas apenas aparentemente, pois aqui o serviço gratuito responde a uma condição clara: é preciso estar doente para recebê-lo.

Considerando o custo atual da gestão de uma grande burocracia social e o custo do tratamento de doenças físicas, especialmente psicossomáticas, da criminalidade e da toxicodependência (todos, em grande parte, formas de protesto contra a coerção e o tédio), parece provável que o custo de proporcionar a qualquer pessoa que o deseje uma renda anual garantida seria inferior ao do nosso atual sistema de segurança social. A ideia parecerá inviável ou perigosa para aqueles que acreditam que "as pessoas são basicamente preguiçosas por natureza". Esse clichê, no entanto, não se baseia em fatos; é simplesmente um *slogan* que serve de racionalização para a resistência contra a renúncia ao sentimento de poder sobre aqueles que estão indefesos.

- *As mulheres devem ser libertadas da dominação patriarcal.*

A liberdade das mulheres da dominação patriarcal é um fator fundamental para a humanização da sociedade. A dominação das mulheres pelos homens começou há cerca de apenas 6 mil anos, em várias partes do mundo, quando os excedentes da agricultura permitiram a contratação e a exploração de trabalhadores, a organização de exércitos e a construção de poderosas cidades-Estado.[42] Desde então, não só as sociedades do Oriente Médio e da Europa, mas a maior parte das culturas do mundo foi conquistada pela "associação dos homens" que subjugou as mulheres. Essa vitória do homem sobre a mulher da espécie humana se baseou no poder econômico dos homens e na máquina militar que construíram.

A guerra entre os sexos é tão antiga quanto a guerra de classes, mas as suas formas são mais complicadas, uma vez que os homens têm necessitado das mulheres não apenas como bestas de carga, mas também como mães, amantes e consoladoras. As formas da guerra entre os sexos são frequentemente abertas e brutais, e mais frequentemente ocultas. As mulheres cederam à força superior, mas lutaram com as suas próprias armas, sendo a principal delas a ridicularização dos homens.

A subjugação de metade da raça humana pela outra causou, e ainda causa, danos imensos a ambos os sexos: os homens assumem as características do vencedor, as mulheres, as da vítima. Nenhuma relação entre um homem e uma mulher, mesmo hoje, e mesmo entre aqueles que

---

42 Eu discuti o "matriarcado" primevo, bem como a literatura a ele relacionada, em *Anatomia da destrutividade humana*.

protestam conscientemente contra a supremacia masculina, está livre da maldição, quer, entre os homens, de se sentirem superiores, quer, entre as mulheres, de se sentirem inferiores. (Freud, o inquestionável crente na superioridade masculina, infelizmente presumiu que o sentimento de impotência das mulheres se devia à suposta inveja do pênis, e que os homens eram inseguros devido ao seu suposto "medo universal da castração". Nesse fenômeno, estamos lidando com sintomas da guerra entre os sexos, e não com diferenças biológicas e anatômicas enquanto tais.)

Muitos dados demonstram até que ponto o controle dos homens sobre as mulheres se assemelha ao controle de um grupo sobre outras populações impotentes. Como exemplo, consideremos a semelhança entre a imagem dos negros no Sul dos Estados Unidos há cem anos e a das mulheres naquela época, e até hoje. Negros e mulheres eram comparados a crianças; seriam supostamente emotivos, ingênuos, sem senso de realidade, de modo que a eles não se deveria confiar a tomada de decisões; seriam supostamente irresponsáveis, mas agradáveis. (Freud acrescentou ao catálogo que as mulheres tinham uma consciência [superego] menos desenvolvida do que os homens e que eram mais narcisistas.)

O exercício do poder sobre os mais fracos é a essência do patriarcado atual, assim como é a essência da dominação das nações não industrializadas e das crianças e adolescentes. O crescente movimento pela libertação das mulheres é de enorme importância, já que é uma ameaça ao princípio de poder sobre o qual vive a sociedade contemporânea (tanto capitalista quanto comunista) – isto é, desde que as mulheres entendam claramente por "libertação" que não querem partilhar o poder dos homens sobre outros grupos, como o poder sobre os povos colonizados. Se o movimento pela libertação das mulheres conseguir identificar o seu próprio papel e funcionar como representante do "antipoder", as mulheres terão uma influência decisiva na batalha por uma nova sociedade.

Mudanças libertadoras básicas já foram feitas. Talvez um historiador futuro relate que o acontecimento mais revolucionário do século 20 foi o início da libertação das mulheres e a queda da supremacia dos homens. Mas a luta pela libertação das mulheres apenas começou, e a resistência dos homens não pode ser subestimada. Toda a relação deles com as mulheres (incluindo a sexual) tem se baseado na sua suposta superioridade, e eles já começaram a se sentir bastante desconfortáveis e ansiosos em relação às mulheres que se recusam a aceitar o mito da superioridade masculina.

Intimamente relacionada com o movimento de libertação das mulheres está a virada antiautoritária das gerações mais jovens. Esse antiautoritarismo teve o seu auge no final dos anos 1960; agora, através de uma série de mudanças, muitos dos rebeldes contrários ao "sistema" se tornaram, mais uma vez, essencialmente "bons". Mas, no entanto, o verniz do antigo culto aos pais e outras autoridades foi eliminado, e parece certo que o antigo "temor" pela autoridade não retornará.

Em paralelo a essa emancipação da autoridade está a libertação da culpa em relação ao sexo: o sexo certamente parece ter deixado de ser indizível e pecaminoso. Por mais que as pessoas possam diferir nas suas opiniões sobre os méritos relativos das muitas facetas da revolução sexual, uma coisa é certa: o sexo já não assusta as pessoas; não pode mais ser usado para desenvolver um sentimento de culpa e, portanto, para forçar a submissão.

- *Deve ser estabelecido um Conselho Cultural Supremo, encarregado de aconselhar o governo, os políticos e os cidadãos em todos os assuntos em que o conhecimento é necessário.*

Os membros do conselho cultural seriam representantes da elite intelectual e artística do país, homens e mulheres cuja integridade estaria além de qualquer dúvida. Eles determinariam a composição da nova e ampliada forma do FDA e selecionariam as pessoas responsáveis pela divulgação das informações.

Existe um consenso substancial sobre quem são os representantes mais notáveis dos vários ramos da cultura, e acredito que seria possível encontrar os membros certos para esse conselho. É de importância decisiva, claro, que esse conselho também represente aqueles que se opõem às opiniões estabelecidas: por exemplo, os "radicais" e os "revisionistas" na economia, na história e na sociologia. A dificuldade não está em *encontrar* os membros do conselho, mas em *escolhê-los*, pois eles não podem ser eleitos pelo voto popular, nem devem ser nomeados pelo governo. Contudo, outras maneiras de selecioná-los podem ser encontradas. Por exemplo, comece com um núcleo de três ou quatro pessoas e aumente gradualmente o grupo até atingir, digamos, cinquenta a cem pessoas. Esse conselho cultural deve ser amplamente financiado para que possa encomendar estudos especiais sobre vários problemas.

- *Também deve ser estabelecido um sistema de divulgação eficaz de informação eficaz.*

Informação é um elemento crucial na formação de uma democracia eficaz. A retenção de informações ou a falsificação destas no suposto interesse da "segurança nacional" deve acabar. Mas mesmo sem essa retenção ilegítima de informação, o problema permanece: atualmente, a quantidade de informação real e necessária dada ao cidadão médio é quase zero. E isso não vale só para o cidadão comum. Como já foi demonstrado de maneira abundante, a maioria dos representantes eleitos, membros do governo, das forças de defesa e líderes empresariais está mal informada e, em grande medida, desinformada pelas falsidades que várias agências governamentais espalham e que os meios de comunicação repetem. Infelizmente, a maior parte dessas mesmas pessoas, por sua vez, tem, na melhor das hipóteses, uma inteligência dada à manipulação. Elas têm pouca capacidade para compreender as forças que operam abaixo da superfície e, portanto, para discernir solidamente sobre desenvolvimentos futuros, para não falar do seu egoísmo e desonestidade, sobre os quais já ouvimos bastante. Mas mesmo ser um burocrata honesto e inteligente não é o bastante para resolver os problemas de uma catástrofe mundial.

Com a exceção de alguns "grandes" jornais, mesmo a informação factual sobre dados políticos, econômicos e sociais é extremamente limitada. Os chamados grandes jornais informam melhor, mas também desinformam melhor: nem toda notícia é publicada com imparcialidade; criam-se manchetes enviesadas, além de algumas que muitas vezes não condizem com o texto que as acompanha; os editoriais são partidários, escritos sob a capa de uma linguagem aparentemente razoável e moralizante. De fato, jornais, revistas, televisão e rádio produzem uma mercadoria, o *nexo*, a partir da matéria-prima dos acontecimentos. Apenas as notícias são vendáveis, e os meios de comunicação determinam quais eventos são notícias e quais não são. Na melhor das hipóteses, a informação é banal, diz respeito apenas à superfície dos acontecimentos e mal dá aos cidadãos a oportunidade de penetrar na superfície e reconhecer as causas mais profundas dos acontecimentos. Enquanto a venda de notícias for um negócio, os jornais e revistas dificilmente poderão ser impedidos de imprimir o que venda (em vários graus de inescrupulosidade) suas publicações e não antagonize os anunciantes.

O problema da informação deve ser resolvido de forma diferente para que a opinião e a decisão bem-informadas sejam possíveis. A título de exemplo, dessa forma, menciono apenas uma: que uma das primeiras e mais importantes funções do Conselho Supremo Cultural seria reunir e divulgar toda a informação que servisse às necessidades de toda a população e, particularmente, servisse como base para discussão entre os grupos presenciais em nossa democracia participativa. Essa informação deve conter fatos básicos e alternativas básicas em todas as áreas em que ocorrem decisões políticas. É de especial importância que, em caso de desacordo, a opinião minoritária *e* a opinião maioritária sejam publicadas, e que essa informação seja disponibilizada a todos os cidadãos, particularmente aos grupos presenciais. O Conselho Cultural Supremo seria responsável pela supervisão do trabalho desse novo corpo de repórteres e, claro, a rádio e a televisão teriam um papel importante na divulgação desse tipo de informação.

- *A investigação científica deve ser separada de sua aplicação na indústria e na defesa.*

Embora pudesse ser um obstáculo ao desenvolvimento humano estabelecer quaisquer limites à procura de conhecimento, seria extremamente perigoso se fosse feito uso prático de todos os resultados do pensamento científico. Como tem sido enfatizado por muitos observadores, certas descobertas na genética, na cirurgia cerebral, nas drogas psiquiátricas e em muitas outras áreas podem ser e serão mal utilizadas para causar grandes danos ao Homem. Isso será inevitável enquanto os interesses industriais e militares estiverem livres para utilizar todas as novas descobertas teóricas do modo que acharem adequado. O lucro e a conveniência militar devem deixar de determinar a aplicação da investigação científica. Isso exigirá um conselho de controle, cuja permissão seria necessária para a aplicação prática de qualquer nova descoberta teórica. Não é preciso dizer que tal conselho deve ser – legal e psicologicamente – independente por completo da indústria, do governo e dos militares. O Conselho Cultural Supremo teria autoridade para nomear e supervisionar tal conselho.

- *Embora todas as sugestões feitas nas páginas anteriores sejam muito difíceis de concretizar, as nossas dificuldades se tornam quase intransponíveis com a adição de outra condição necessária para uma nova sociedade: o desarmamento atômico.*

Um dos elementos doentios da nossa economia é que ela necessita de uma grande indústria de armamento. Ainda hoje, os Estados Unidos, o país mais rico do mundo, devem reduzir as suas despesas com saúde, bem-estar e educação a fim de suportar a carga do seu orçamento de defesa. O custo da experimentação social não pode ser bancado por um Estado que se está empobrecendo por causa da produção de equipamentos úteis apenas enquanto meio de suicídio. Além disso, o espírito de individualismo e de atividade não pode sobreviver numa atmosfera em que a burocracia militar, ganhando poder todos os dias, continue a aumentar o medo e a subordinação.

Nova sociedade: existe chance razoável?

Considerando o poder das corporações, a apatia e a impotência da grande massa da população, a inadequação dos líderes políticos em quase todos os países e a ameaça de guerra nuclear, os perigos ecológicos, para não falar de fenômenos como as mudanças climáticas, que por si só poderiam acarretar fome em grandes partes do mundo, *existe uma chance razoável de salvação?* Do ponto de vista de uma transação comercial, essa chance não existe; nenhum ser humano razoável apostaria a sua fortuna quando as chances representam apenas 2% de probabilidade de ganhar, ou faria um grande investimento de capital num empreendimento comercial com uma probabilidade tão fraca de ganho. Mas quando se trata de uma questão de vida ou morte, a "chance razoável" deve ser traduzida em "possibilidade real", por menor que seja.

A vida não é um jogo de azar nem um negócio, e devemos procurar em outro lugar uma avaliação das reais possibilidades de salvação: na arte de curar da medicina, por exemplo. Se uma pessoa doente tiver a menor possibilidade de sobrevivência, nenhum médico responsável dirá: "Vamos desistir do esforço", ou usará apenas paliativos. Pelo contrário, tudo o que é concebível é feito para salvar a vida da pessoa doente. Certamente, uma sociedade doente não pode esperar menos.

Julgar as possibilidades de salvação da sociedade atual do ponto de vista das apostas ou dos negócios, e não do ponto de vista da vida, é característico do espírito de uma sociedade empresarial. Há pouca sabedoria na visão tecnocrática, atualmente em voga, de que não há nada de seriamente errado em nos mantermos ocupados com o trabalho ou a diversão, em não sentirmos nada, e que, mesmo *se* tivesse, talvez o fascismo tecnocrático possa não ser assim tão mau, afinal de contas. Mas isso é uma ilusão. O fascismo tecnocrático necessariamente leva à catástrofe. O Homem desumanizado ficará tão louco que não será capaz de sustentar uma sociedade viável em longo prazo, e em curto prazo não conseguirá se abster do uso suicida de armas nucleares ou biológicas.

No entanto, existem alguns fatores que podem nos dar algum encorajamento. O primeiro é que um número crescente de pessoas reconhece agora a verdade que Mesarovic e Pestel, Ehrlich e Ehrlich, e outros afirmaram: que, *por razões puramente econômicas*, uma nova ética, uma nova atitude em relação à natureza, à solidariedade humana e à cooperação são necessárias para que o mundo ocidental não seja aniquilado. Esse apelo à razão, mesmo isolada de quaisquer considerações emocionais e éticas, pode mobilizar as mentes de não poucas pessoas. Tal apelo não deve ser encarado levianamente, apesar de, historicamente, as nações terem agido repetidas vezes contra os seus interesses vitais e até mesmo contra o desejo de sobrevivência. Foi possível agir assim porque o povo foi persuadido pelos seus líderes, e eles próprios se convenceram, de que a escolha entre "ser ou não ser" não os confrontava. Contudo, se tivessem reconhecido a verdade, a reação neurofisiológica normal teria ocorrido: a sua consciência das ameaças vitais teria mobilizado ações de defesa adequadas.

Outro sinal de esperança é a crescente demonstração de insatisfação com o nosso sistema social atual. Um número crescente de pessoas sente o mal-estar do século: entram em depressão e ficam conscientes disso, apesar de todos os tipos de esforços para reprimi-la. Elas sentem a infelicidade do seu isolamento e o vazio da sua "união"; sentem sua impotência, a falta de sentido de suas vidas. Muitas sentem tudo isso de forma muito clara e consciente; outras com menos clareza, mas têm plena consciência disso quando alguém o expressa em palavras.

Até agora, na história mundial, uma vida de prazeres vazios só era possível para uma pequena elite, e ela permanecia essencialmente saudável porque sabia que tinha poder e que tinha de pensar e agir para não o perder. Hoje, a vida vazia do consumo é a de toda a classe média, que econômica e politicamente não tem poder e tem pouca responsabilidade pessoal. A maior parte do mundo ocidental conhece os benefícios do tipo de felicidade do consumo, e um número crescente daqueles que dela se beneficiam a consideram insuficiente. Começam a descobrir que ter muito não cria bem-estar: o ensino ético tradicional foi posto à prova – e está sendo confirmado pela experiência.

Só naqueles que vivem sem os benefícios do luxo da classe média é que a velha ilusão permanece intocada: nas classes médias baixas do

Ocidente e entre a grande maioria nos países "socialistas". Na verdade, a esperança burguesa da "felicidade através do consumo" não está viva em mais nenhum lugar além de países que ainda não realizaram o sonho burguês.

Uma das mais graves objeções às possibilidades de superar a ganância e a inveja – a de que sua força é inerente à natureza humana – perde grande parte do seu peso após uma análise mais aprofundada. A ganância e a inveja são tão fortes não por causa de sua *intensidade inerente*, mas por causa da dificuldade em resistir à pressão pública de ser um lobo entre os lobos. Mude o clima social, os valores que são aprovados ou reprovados, e a mudança do egoísmo para o altruísmo acontecerá.

Chegamos, assim, mais uma vez à premissa de que a orientação ao ser é um forte potencial na natureza humana. Apenas uma minoria é completamente governada pelo modo do ter, enquanto outra pequena minoria é completamente governada pelo modo do ser. Qualquer uma pode se tornar dominante, e o que acontece depende da estrutura social. Numa sociedade orientada principalmente para o ser, as tendências do ter passam fome e o modo do ser é alimentado. Em uma sociedade como a nossa, cuja principal orientação é o ter, ocorre o inverso. Mas o novo modo de existência já está sempre presente – embora reprimido. Saulo não se tornaria Paulo se já não fosse Paulo antes de sua conversão.[43]

A mudança do ter para o ser é, na verdade, uma alteração na balança, quando, em conexão com a mudança social, o novo é encorajado e o antigo é desencorajado. Além disso, não se trata de um novo Homem tão diferente do antigo quanto o céu é da terra; é uma questão de mudança

---

43 Saulo é uma personagem bíblica que se converte do judaísmo ao cristianismo quando se encontra com Jesus na estrada para Damasco, e que em seguida adota o nome romano Paulo para disseminar o evangelho. Fontes divergem quanto a se foi Jesus o responsável pela mudança de nome, ou se o próprio Paulo elegeu o nome (que já tinha, sendo filho de um cidadão romano), mais familiar aos gentios. [N.E.]

de direção. Um passo na nova direção será seguido pelo seguinte, e, se dados na direção certa, esses passos significam muito.

Ainda outro aspecto encorajador a considerar é aquele que, paradoxalmente, diz respeito ao grau de alienação que caracteriza a maioria da população, incluindo seus líderes. Tal como foi salientado na discussão anterior sobre o "caráter mercadológico", a ganância de ter e de acumular foi modificada pela tendência de simplesmente funcionar bem, de comercializar a si mesmo como uma mercadoria que não é nada. É mais fácil o caráter alienado e mercadológico mudar do que o caráter acumulador, que se apega freneticamente às posses e, particularmente, ao seu ego.

Há cem anos, quando a maior parte da população era constituída por "independentes", o maior obstáculo à mudança era o medo e a resistência à perda de propriedade e de independência econômica. Marx viveu numa época em que a classe trabalhadora era a única grande classe dependente e, como pensava Marx, a mais alienada. Hoje, a grande maioria da população é dependente; praticamente todas as pessoas que trabalham estão *empregadas* (de acordo com o relatório do Censo dos Estados Unidos de 1970, apenas 7,82% do total da população ativa com mais de 16 anos é trabalhador por conta própria, ou seja, "independente"); e – pelo menos nos Estados Unidos – são os operários que ainda mantêm o caráter tradicional de acumulação da classe média e que, consequentemente, estão menos abertos à mudança do que a classe média mais alienada de hoje.

Tudo isso tem uma consequência política muito importante: embora o socialismo lutasse pela libertação de todas as classes – isto é, por uma sociedade sem classes –, o seu apelo imediato era dirigido à "classe trabalhadora", ou seja, aos trabalhadores manuais; hoje a classe trabalhadora é (em termos relativos) ainda mais minoritária do que era há cem anos.

Para ganhar o poder, os partidos social-democratas precisam ganhar os votos de muitos membros da classe média, e para alcançar esse objetivo os partidos socialistas tiveram de reduzir o seu programa – de um programa com uma visão socialista para um programa que propõe reformas liberais. Por sua vez, ao identificar a classe trabalhadora como a alavanca da mudança humanista, o socialismo antagonizou necessariamente os membros de todas as outras classes, que sentiam que as suas propriedades e privilégios seriam tirados pelos trabalhadores.

Hoje, o apelo da nova sociedade se dirige a todos os que sofrem alienação, que estão empregados e cuja propriedade não está ameaçada. Em outras palavras, diz respeito à maioria da população, e não apenas a uma minoria. Não ameaça confiscar a propriedade de ninguém e, no que diz respeito à renda, aumentaria o nível de vida das pessoas pobres. Os elevados salários dos altos executivos não teriam de ser reduzidos, mas, se o sistema funcionasse, eles não gostariam de ser símbolos de tempos passados.

Além disso, os ideais da nova sociedade atravessam todas as linhas partidárias: muitos conservadores não perderam os seus ideais éticos e religiosos (o que Eppler chama de "conservador nos valores"), e o mesmo se aplica a muitos liberais e esquerdistas. Cada partido político explora os eleitores, persuadindo-os de que representa os verdadeiros valores do humanismo. No entanto, por trás de todos os partidos políticos existem apenas dois campos: *aqueles que se importam e aqueles que não se importam*. Se todos os que estão no campo dos que se importam pudessem se livrar dos clichês partidários e perceber que têm os mesmos objetivos, a possibilidade de mudança pareceria ser consideravelmente maior; especialmente porque a maioria dos cidadãos está cada vez menos interessada na lealdade partidária e nos *slogans* partidários. As pessoas hoje anseiam por seres humanos que tenham sabedoria, convicções e coragem para agir de acordo com as suas convicções.

No entanto, mesmo tendo em conta esses fatores de esperança, permanecem escassas as possibilidades de mudanças humanas e sociais necessárias. Nossa única esperança reside na atração energizante de uma nova visão. Propor essa ou aquela reforma que não mude o sistema é inútil no longo prazo, já que não traz consigo a força propulsora de uma forte motivação. O objetivo "utópico" é mais realista do que o "realismo" dos líderes de hoje. A realização da nova sociedade e do novo Homem somente é possível se as antigas motivações do lucro, do poder e do intelecto forem substituídas por novas: ser, compartilhar, compreender; se o caráter mercadológico for substituído pelo caráter produtivo e amoroso; se a religião cibernética for substituída por um novo e radical espírito humanista.

De fato, para aqueles que não estão autenticamente enraizados na religião teísta, a questão crucial é a conversão a uma "religiosidade" humanista sem religião, sem dogmas e instituições, uma "religiosidade" há muito preparada pelo movimento de religiosidade não teísta, de Buda a Marx. Não somos confrontados com a escolha entre o materialismo egoísta e a aceitação do conceito cristão de Deus. A própria vida social – em todos os seus aspectos no trabalho, no lazer, nas relações pessoais – será a expressão do espírito "religioso", e nenhuma religião separada será necessária. Essa exigência de uma nova "religiosidade" não teísta e não institucionalizada não é um ataque às religiões existentes. Significa, contudo, que a Igreja Católica Romana, começando por sua burocracia, deve se converter ao espírito do evangelho. Isso não significa que os "países socialistas" devam ser "dessocializados", mas que o seu falso socialismo será substituído pelo genuíno socialismo humanista.

A cultura medieval tardia floresceu porque as pessoas seguiram a visão da *Cidade de Deus*. A sociedade moderna floresceu porque as pessoas foram energizadas pela visão do crescimento da *Cidade Terrena do Progresso*. No nosso século, contudo, essa visão se deteriorou como a Torre de Babel, está agora começando a desmoronar e acabará por enterrar todo mundo em suas ruínas. Se a Cidade de Deus e a Cidade Terrena eram *tese* e *antítese*, uma nova síntese é a única alternativa ao caos: a síntese entre o núcleo espiritual do mundo medieval tardio e o desenvolvimento do pensamento racional e da ciência que vem desde o Renascimento. Essa síntese é a *Cidade do Ser*.

Referências

As Referências incluem todos os livros citados, embora não todas as fontes usadas na preparação desta obra. Livros especialmente recomendados como leitura adicional são marcados por um único asterisco; asteriscos duplos denotam livros para leitores com tempo limitado.

Aquinas, Thomas. 1953. *Summa Theologica*. Organizado por P. H. M. Christmann. OP. Heidelberg: Gemeinschaftsverlage, F. H. Kerle; Graz: A. Pustet.

Arieti, Silvano (org.). 1959. *American Handbook of Psychiatry*, v. 2. New York: Basic Books.

Aristotle. *Nicomachean Ethics*. Cambridge: Harvard University Press, Loeb Classical Library.

*Artz, Frederick B. 1959. *The Mind of the Middle Ages: An Historical Survey: A.D. 200-1500*. 3. ed. rev. New York: Alfred A. Knopf.

Auer, Alfons. *Die Autonomie des Sittlichen nach Thomas von Aquin*. Artigo inédito.

_____. 1975. Ist die Sünde eine Beleidigung Gottes?. *In*: *Theologische Quartalsschrift*. Münich: Erich Wewel Verlag.

* _____. 1976. *Utopie, Technologie, Lebensqualitat*. Zürich: Benziger Verlag.

* Bachofen, J. J. 1967. *Myth, Religion and the Mother Right: Selected Writings of Johann Jakob Bachofen*. Organizado por J. Campbell; traduzido por R. Manheim. Princeton: Princeton University Press.

Bacon, Francis. 1620. *Novum Organum*.

Bauer, E. *Allgemeine Literatur Zeitung 1843/4*. Citado por K. Marx e F. Engels; q.v.

* Becker, Carl L. 1932. *The Heavenly City of the Eighteenth Century Philosophers*. New Haven: Yale University Press.

Benveniste, Emile. 1966. *Problèmes de Linguistique General*. Paris: Ed. Gallimard.

Benz, E. Ver Eckhart, Meister.

Blakney, Raymond B. Ver Eckhart, Meister.

Bloch, Ernst. 1970. *Philosophy of the Future*. New York: Seabury Press.

_____. 1971. *On Karl Marx*. New York: Seabury Press.

* _____. 1972. *Atheism in Christianity*. New York: Seabury Press.

Cloud of Unknowing, The. Ver Underhill, Evelyn.

Darwin, Charles. 1969. *The Autobiography of Charles Darwin 1809-1882*. Organizado por Nora Barlow. New York: W. W. Norton. Citada por E. F. Schumacher; q.v.

Delgado, J. M. R. 1967. Aggression and Defense Under Cerebral Radio Control. *In*: *Aggression and Defense: Neural Mechanisms and Social Patterns. Brain Function*, v. 5. Organizado por C. D. Clemente e D. B. Lindsley. Berkeley: University of California Press.

De Lubac, Henri. 1943. *Katholizismus als Gemeinschaft*. Traduzido por Hans-Urs von Balthasar. Einsiedeln/Cologne: Verlag Benziger & Co.

De Mause, Lloyd (org.). 1974. *The History of Childhood*. New York: The Psychohistory Press, Atcom Inc.

Du Marais. 1769. *Les Veritables Principes de la Grammaire*.

Dumoulin, Heinrich. 1966. *Östliche Meditation and Christliche Mystik*. Freiburg/Munich: Verlag Karl Alber.

** Eckhart, Meister. 1941. *Meister Eckhart: A Modern Translation*. Traduzido por Raymond B. Blakney. New York: Harper & Row, Torchbooks.

_____. 1950. Organizado por Franz Pfeifer; traduzido por C. de B. Evans. London: John M. Watkins.

_____. 1969. *Meister Eckhart, Deutsche Predigten and Traktate*. Organizado e traduzido por Joseph L. Quint. Munich: Carl Hanser Verlag.

_____. Meister Eckhart, Die Deutschen Werke. Organizado e traduzido por Joseph L. Quint. In *Gesamtausgabe der deutschen and lateinischen Werke*. Stuttgart: Kohlhammer Verlag.

_____. Meister Eckhart, Die lateinischen Werke, Expositio Exodi 16. Organizado por E. Benz *et al. In*: *Gesamtausgabe der deutschen and lateinischen Werke*. Stuttgart: Kohlhammer Verlag. Citado por Otto Schilling; q.v.

* Ehrlich, Paul R; Ehrlich, Anne H. 1970. *Population, Resources, Environment: Essays in Human Ecology*. San Francisco: W. H. Freeman.

Engels, F. Ver Marx, K.

Eppler, E. 1975. *Ende oder Wende*. Stuttgart: W. Kohlhammer Verlag.

Farner, Konrad. 1947. Christentum und Eigentum bis Thomas von Aquin. *In*: *Mensch and Gesellschaft*, v. 12. Organizado por K. Farrier. Bern: Francke Verlag. Citado por Otto Schilling; q.v.

Finkelstein, Louis. 1946. *The Pharisees: The Sociological Background of Their Faith*, v. 1-2. Philadelphia: The Jewish Publication Society of America.

Fromm, E. 1932. Die Psychoanalytische Charakterologie and ihre Bedeutung fur die Sozialforschung. *Zeitschrift für Sozialforschung*. 1: 253-277; Psychoanalytic Characterology and Its Relevance for Social Psychology. *In*: E. Fromm, *The Crisis of Psychoanalysis*; q.v.

_____. 1941. *Escape from Freedom*. New York: Holt, Rinehart and Winston.

_____. 1942. Faith as a Character Trait. *In*: *Psychiatry 5*. Republicado com pequenas alterações a partir de E. Fromm, *Man for Himself* q.v.

_____. 1943. Sex and Character. *In*: *Psychiatry* 6: 21-31. Republicado em E. Fromm, *The Dogma of Christ and Other Essays on Religion, Psychology, and Culture*; q.v.

* _____. 1947. *Man for Himself: An Inquiry into the Psychology of Ethics*. New York: Holt, Rinehart and Winston.

_____. 1950. *Psychoanalysis and Religion*. New Haven: Yale University Press.

_____. 1951. *The Forgotten Language: An Introduction to the Understanding of Dreams, Fairy Tales, and Myths*. New York: Holt, Rinehart and Winston.

* _____. 1955. *The Sane Society*. New York: Holt, Rinehart and Winston.

_____. 1956. *The Art of Loving*. New York: Harper & Row.

_____. 1959. On the Limitations and Dangers of Psychology. *In*: W. Leibrecht (org.). *Religion and Culture: Essays in Honor of Paul Tillich*; q.v.

** _____.1961. *Marx's Concept of Man*. New York: Frederick Ungar.

_____. 1963. *The Dogma of Christ and Other Essays on Religion, Psychology, and Culture*. New York: Holt, Rinehart and Winston.

_____. 1964. *The Heart of Man*. New York: Harper & Row.

_____, (org.). 1965. *Socialist Humanism*. Garden City, N.Y.: Doubleday & Co.

_____. 1966. The Concept of Sin and Repentance. *In*: E. Fromm, *You Shall Be as Gods*; q.v.

_____. 1966. *You Shall Be as Gods*. New York: Holt, Rinehart and Winston.

* _____. 1968. *The Revolution of Hope*. New York: Harper & Row.

_____. 1970. *The Crisis of Psychoanalysis: Essays on Freud, Marx, and Social Psychology*. New York: Holt, Rinehart and Winston.

** _____. 1973. *The Anatomy of Human Destructiveness*. New York: Holt, Rinehart and Winston.

_____; Maccoby, M. 1970. *Social Character in a Mexican Village*. Englewood Cliffs, NJ.: Prentice-Hall.

_____; Suzuki, D. T.; De Martino, R. 1960. *Zen Buddhism and Psychoanalysis*. New York: Harper & Row.

* Galbraith, John Kenneth. 1969. *The Affluent Society*. 2. ed. Boston: Houghton Mifflin.

* _____. 1971. *The New Industrial Society*. 2. ed. rev. Boston: Houghton Mifflin.

*_____. 1974. *Economics and the Public Purpose*. Boston: Houghton Mifflin.

* Habermas, Jürgen. 1971. *Toward a Rational Society*. Traduzido por J. Schapiro. Boston: Beacon Press.

_____. 1973. *Theory and Practice*. Organizado por J. Viertel. Boston: Beacon Press.

Harich, W. 1975. *Kommunismus ohne Wachstum*. Hamburg: Rowohlt Verlag.

Hebb, D. O. Drives and the CNS [Conceptual Nervous System]. *Psych. Rev.* 62, 4: 244.

Hess, Moses. 1843. Philosophie der Tat. *In*: *Einundzwanzig Bogen aus der Schweiz*. Organizado por G. Herwegh. Zürich: Literarischer Comptoir. Republicado em Moses Hess, *Okonomische Schriften*. Organizado por D. Horster. Darmstadt: Melzer Verlag, 1972.

* Illich, Ivan. 1970. *Deschooling Society*. World Perspectives, v. 44. New York: Harper & Row.

_____. 1976. *Medical Nemesis: The Expropriation of Health*. New York: Pantheon.

Laertius, Diogenes. 1966. *In Lives of Eminent Philosophers*. Traduzido por R. D. Hicks. Cambridge: Harvard University Press.

* Kropotkin, P. A. 1902. *Mutual Aid. A Factor of Evolution*. London.

Lange, Winfried. 1969. *Glückseligkeitsstreben and uneigennützige Lebensgestaltung bei Thomas von Aquin*. Diss. Freiburg im Breisgau.

Leibrecht, W. (org.). 1959. *Religion and Culture: Essays in Honor of Paul Tillich*. New York: Harper & Row.

Lobkowicz, Nicholas. 1967. *Theory and Practice: The History of a Concept from Aristotle to Marx*. International Studies Series. Notre Dame, Ind.: University of Notre Dame Press.

* Maccoby, Michael. No prelo, 1976. *The Gamesman: The New Corporate Leaders*. New York: Simon and Schuster.

Maimonides, Moses. 1963. *The Code of Maimonides*. Traduzido por A. M. Hershman. New Haven: Yale University Press.

* Marcel, Gabriel. 1965. *Being and Having: An Existentialist Diary*. New York: Harper & Row, Torchbooks.

Marx, K., 1844. Economic and Philosophical Manuscripts. *In*: *Gesamtausgabe* (MEGA). Moscow. Traduzido por E. Fromm, em E. Fromm, Marx's Concept of Man; q.v.

_____. 1909. *Capital*. Chicago: Charles H. Kerr & Co.

_____. *Grundrisse der Kritik der politischen Ökonomie*. Frankfurt: Europäische Verlagsanstalt, n.d. McClellan, David (org. e trad.). 1971. The Grundrisse, Excerpts. New York: Harper & Row, Torchbooks.

_____; Engels, F. 1844/5. *The Holy Family, or a Critique of Critical Critique*. London: Lawrence & Wishart, 1957. Die Heilige Familie, der Kritik der kritischen Kritik. Berlin: Dietz Verlag, 1971.

Mayo, Elton. 1933. *The Human Problems of an Industrial Civilization*. New York: Macmillan.

Meadows, D. H., *et al.* 1972. *The Limits to Growth*. New York: Universe Books.

* Mesarovic, Mihajlo D.; Pestel, Eduard. 1974. *Mankind at the Turning Point*. New York: E. P. Dutton.

Mieth, Dietmar. 1969. *Die Einheit von Vita Activa and Vita Contemplativa*. Regensburg: Verlag Friedrich Pustet. [208]

_____. 1971. *Christus – Das Soziale im Menschen*. Düsseldorf. Topos Taschenbücher, Patmos Verlag.

Mill, J. S. 1965. *Principles of Political Economy*. 7. ed., republicação da ed. de 1871. Toronto: University of Toronto/Routledge and Kegan Paul.

Millán, Ignacio. No prelo. *The Character of Mexican Executives*.

Morgan, L. H. 1870. *Systems of Sanguinity and Affinity of the Human Family*. Publication 218, Washington, D.C.: Smithsonian Institution.

** Mumford, L. 1970. *The Pentagon of Power*. New York: Harcourt Brace Jovanovich.

** Nyanaponika Mahatera. 1962; 1970. *The Heart of Buddhist Meditation*. London: Rider & Co.; New York: Samuel Weiser.

* _____ (org.). 1971; 1972. *Pathways of Buddhist Thought: Essays from the Wheel*. London: George Allen & Unwin; New York: Barnes & Noble, Harper & Row.

Phelps, Edmund S., (org.). 1975. *Altruism, Morality and Economic Theory*. New York: Russell Sage Foundation.

Piaget, Jean. 1932. *The Moral Judgment of the Child*. New York: The Free Press, Macmillan.

Quint, Joseph L. Ver Eckhart, Meister.

* Rumi. 1950. Seleção, tradução, introdução e notas de R. A. Nicholson. London: George Allen & Unwin.

Schecter, David E. 1959. Infant Development. *In*: Silvano Arieti (org.). *American Handbook of Psychiatry*, v. 2; q.v.

Schilling, Otto. 1908. *Reichtum and Eigentum in der Altkirchlichen Literatur*. Freiburg im Breisgau: Herderische Verlagsbuchhandlung.

Schulz, Siegried. 1972. *Q, Die Spruchquelle der Evangelisten*. Zürich: Theologischer Verlag.

** Schumacher, E. F. 1973. *Small Is Beautiful: Economics as if People Mattered*. New York: Harper & Row, Torchbooks.

* Schumpeter, Joseph A. 1962. *Capitalism, Socialism, and Democracy*. New York: Harper & Row, Torchbooks.

Schweitzer, Albert. 1923. *Die Schuld der Philosophie an dem Niedergang der Kultur*. Gesammelte Werke, v. 2. Zürich: Buchclub Ex Libris.

_____. 1923. *Verfall und Wiederaufbau der Kultur*. Gesammelte Werke, v. 2. Zürich: Buchclub Ex Libris.

* _____. 1973. *Civilization and Ethics*. Republicação de 1923. New York: Seabury Press.

Simmel, Georg. 1950. *Hauptprobleme der Philosophie*. Berlin: Walter de Gruyter.

Sommerlad, T. 1903. *Das Wirtschaftsprogramm der Kirche des Mittelalters*. Leipzig. Citado por Otto Schilling; q.v.

Spinoza, Benedictus de. 1927. *Ethics*. New York: Oxford University Press.

Staehelin, Balthasar. 1969. *Haben and Sein*. Zürich: Editio Academics.

Stirner, Max. 1973. *The Ego and His Own: The Case of the Individual Against Authority*. Organizado por James J. Martin; traduzido por Steven T. Byington. New York: Dover.

Suzuki, D. T. 1960. Lectures on Zen Buddhism. *In*: E. Fromm *et al. Zen Buddhism and Psychoanalysis*; q.v.

Swoboda, Helmut. 1973. *Die Qualität des Lebens*. Stuttgart: Deutsche Verlags-Anstalt.

* Tawney, R. H. 1920. *The Acquisitive Society*. New York: Harcourt Brace.

Technologie and Politik. *Aktuell Magazin*, jun. 1975. Rheinbeck bei Hamburg: Rowohlt Taschenbuch Verlag.

Theobald, Robert (org.). 1966. *The Guaranteed Income: Next Step in Economic Evolution*. New York: Doubleday.

Thomas Aquinas. Ver Aquinas, Thomas.

Titmuss, Richard. 1971. *The Gift Relationship: From Human Blood to Social Policy*. London: George Allen & Unwin.

* Underhill, Evelyn (org.). 1956. *A Book of Contemplation the Which Is Called The Cloud of Unknowing*. 6. ed. London: John M. Watkins.

Utz, A. F. OP. 1953. Recht und Gerechtigkeit. *In*: Thomas Aquinas, *Summa Theologica*, v. 18; q.v.

Yerkes, R. M.; Yerkes, A. V. 1929. *The Great Apes: A Study of Anthropoid Life*. New Haven: Yale University Press.

**Acreditamos
nos livros**

Este livro foi composto em Adobe Garamond e Fira Sans e impresso pela Geográfica para a para a Editora Planeta do Brasil em abril de 2024.